Willy Budig

Untersuchungen über "Jane Shore"

Willy Budig

Untersuchungen über "Jane Shore"

ISBN/EAN: 9783845742175

Erscheinungsjahr: 2012

Erscheinungsort: Bremen, Deutschland

www.unikum-verlag.de | office@unikum-verlag.de

Bei diesem Titel handelt es sich um den Nachdruck eines historischen, lange vergriffenen Buches. Da elektronische Druckvorlagen für diese Titel nicht existieren, musste auf alte Vorlagen zurückgegriffen werden. Hieraus zwangsläufig resultierende Qualitätsverluste bitten wir zu entschuldigen.

Willy Budig

Untersuchungen über "Jane Shore"

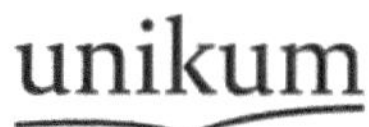

Untersuchungen über „Jane Shore".

Inaugural-Dissertation

zur

Erlangung der Doktorwürde

der

hohen philosophischen Fakultät der Universität Rostock

vorgelegt von

Willy Budig

aus Ueckermünde (Pommern).

Schwerin i. M., 1908.

Druck der Bärensprungschen Hofbuchdruckerei.

Inhalt.

Einleitung.

Gegenstand vorliegender Arbeit sind literarhistorische Untersuchungen über die poetischen Bearbeitungen, welche Johanna Shore, die unglückliche Geliebte König Eduards IV. (1460—1483), in der englischen Literatur gefunden hat. Die französischen Übersetzungen und Nachahmungen sollen gleichfalls kurz berührt werden.

In der Königsgeschichte Englands spielen zwei Frauen als Königsmaitressen eine hervorragende Rolle, nämlich Johanna Shore und Rosamund Clifford, die Geliebte König Heinrichs II. (1154—1189). Beide zeigen in ihren Lebensschicksalen viele Ähnlichkeiten. Ihre Schönheit und ihr Unglück haben Dichter zu begeisterten Liedern veranlaßt. Ihr Name lebte zunächst in Balladen fort, welche durch mündliche Überlieferung im Volke verbreitet und erhalten wurden. „Die Natur eines Volksliedes besteht darin, daß es sich oft Jahrhunderte lang traditionell fortpflanzt, ehe es niedergeschrieben wird und sich so in seinen einzelnen Teilen und der Form des Ausdrucks verändert, während es im ganzen dasselbe bleibt.“[1]) Erst nach langer Zeit wagten sich dann manchmal Dichter an dramatische Bearbeitungen. Während die Balladen im 16. Jahrhundert entstanden sind, datieren dramatische Entwürfe des Stoffes erst aus dem 17. und 18. Jahrhundert. Die erste Ballade über Rosamund, welche von Thomas Deloney im 16. Jahrhundert verfaßt wurde, findet sich in Percy's Reliques[2]) abgedruckt; später schrieb dann Drayton zwei „Episteln“ („King Henry to Rosamund“ und „Rosamund to King Henry“), und im Jahre 1707 verfaßte Addison eine Oper Rosamund.

[1]) Talvj, Versuch einer geschichtlichen Charakteristik der Volkslieder germanischer Nationen. Leipzig 1840. S. 496.

[2]) Percy, Reliques of Ancient English Poetry. 1. Ausgabe: London 1765, in drei Bänden mit einem „Essay on the Ancient Minstrels in England“; neue Ausgabe von A. Schröer, Berlin, 1893.

Bedeutender und zahlreicher sind die poetischen Bearbeitungen über Johanna Shore; sie erstrecken sich über mehrere Jahrhunderte. Um zunächst eine Übersicht zu geben, nenne ich sämtliche Werke in chronologischer Reihenfolge, in welchen Johanna eine Rolle spielt:

1. Legend of Shore's Wife von Thomas Churchyard. 1536. (Ballade.)
2. Beautie dishonoured von Anthony Chute. 1593. (Gedicht.)
3. An Interlude Intitled the Tragedy of Richard III. von Thomas Legge. 1594. (Drama.)
4. The True Tragedy of Richard III. 1594. (Drama.)
5. Richard III. von William Shakespeare. 1594 (Drama.)
6. Edward to Shore's Wife und Shore's Wife to Edward von Michael Drayton. 1597. (2 Episteln.)
7. Life and Death of Master Shore. 1599. (Drama.)
8. Edward IV. von Thomas Heywood. 1600. (Drama.)
9. The Booke of Shoare. Verfasser und Jahr unbekannt. (Drama.)
10. Jane Shore von H. Chettle, Day und anderen. 1602. (Drama.)
11. The Woeful Lamentation of Jane Shore und King Edward and Jane Shore von Thomas Delony. 1603. (2 Balladen.)
12. Jane Shore von Nicholas Rowe. 1714. (Drama.)
13. Jane Shore von William Gorman Wills. 1876. (Drama.)

Hiervon sind jedoch nur Nr. 1, 2, 5, 6, 8, 11 und 12 von größerer Wichtigkeit (also nur etwa die Hälfte). Nr. 3, 7, 9 und 10 entziehen sich leider dadurch einer genaueren Besprechung, daß von ihnen nichts weiter als Titel und einzelne Daten über Aufführung, Druck usw. bekannt sind. Auch Wills Drama (Nr. 13) ist niemals gedruckt worden und scheint nur als Bühnenmanuskript vorhanden zu sein[1]). Von den erhaltenen Bearbeitungen nimmt Rowes Drama (Nr. 12) eine besondere Stellung ein: Johanna ist hier die eigentliche Heldin des Stückes. In Heywoods Eduard IV. (Nr. 8), welches nächst Rowes Drama die wichtigste und umfangreichste Bearbeitung dieses Stoffes ist, bildet die Darstellung ihres Lebens nur

[1]) Auch das Britische Museum in London besitzt kein Exemplar davon; in W. G. Wills gesammelte Werke ist es nicht aufgenommen worden.

eine Nebenhandlung, welche in die Haupthandlung in Form von Episoden eingeflochten ist.

Ich teile meine Arbeit in folgende Abschnitte:

Kapitel I. Johanna Shore in der Geschichte.

Kapitel II. Johanna Shore in der englischen Literatur

A. im 16. und 17. Jahrhundert.

B. im 18. Jahrhundert.

C. im 19. Jahrhundert.

Kapitel III. Johanna Shore in der französischen Literatur.

Kapitel I.

Johanna Shore in der Geschichte.

Johanna ist eine geschichtliche Persönlichkeit. Jedoch ist manches, was von ihr überliefert ist, anekdotenhaft. Bekanntlich fließen die geschichtlichen Quellen für das 15. Jahrhundert äußerst spärlich. Shakespeare schöpfte für seine Königsdramen, welche die Zeit von 1398 bis 1485 umfassen, im wesentlichen aus Holinsheds Chronik. Oechelhäuser[1]) bemerkt: „Was wissen wir aber auch heute viel mehr über jene Geschichtsperiode, insbesondere die Regierungsgeschichte Richards III., als sich bei Holinshed zusammen getragen findet? Der Continuator historiae Croylandensis[2]) und Fabyan[3]) ergänzen und berichtigen die Regierungsgeschichte Richards III. in einigen Punkten; einzelne Briefe, Parlamentsrollen usw. verbreiten Licht über diese oder jene Tatsache.“ Was den geschichtlichen Wert der uns überkommenen Chroniken von Robert Fabyan, Polidorus, Virgilius, Edward Hall, Richard Grafton (dem Fortsetzer von Hardyngs Chronik), Raphael Holinshed und John Stowe im ein-

---

[1]) Essay über Richard III. Shakespeare-Jahrbuch 1868. III, S. 31.

[2]) Historia Croylandensis bei Fell Quinque Scriptores Oxon 1687 erschienen. „Die zweite Kontinuation, die vom Jahre 1459 bis zum Ausgange Richards III. im Jahre 1485 reicht, gehört einem Zeitgenossen der Ereignisse an, welchem an Schärfe der Beobachtung und an Treue der Angaben keiner gleich kommt.“ (Geschichte der europäischen Staaten; ed. Heeren und Ukert. Gesch. von England von Dr. R. Pauli. Gotha 1858 V, S. 695.)

[3]) Robert Fabyan, The New Chronicles of England and France, ed. Henry Ellis. London 1811. (Vgl. hierzu Oechelhäuser a. a. O. S. 40. Anm. 2.)

zelnen betrifft, verweise ich auf die Untersuchungen von Dr. Karl Schmidt[1]), Pauli[2]) und Churchill[3]).

Für die Lebensgeschichte Johanna Shores kommen besonders die Chroniken von Hall[4]), Hardyng-Grafton[5]) und Holinshed[6]) in Betracht. Die letztere erschien im Jahre 1577. Der Verfasser benutzte verschiedene Quellen. Vom Tode Eduards IV. ab legte er das Geschichtswerk des Sir Thomas More zugrunde. Oechelhäuser bemerkt hierzu[7]): „Sir Thomas More schrieb sein Geschichtswerk über Eduard V. und Richard III. in lateinischer Sprache, nach Pauli um 1509[8]), nach Holinshed und anderen um 1513 — Hart[9]) setzt 1509—1513 an. — Der allgemeinen Annahme nach empfing er seine Mitteilungen von dem im Jahre 1500 verstorbenen Kardinal Morton, der als Bischof von Ely im Drama (Shakespeares Richard III.) vorkommt und geschichtlich einer der tätigsten Verschwörer zum

[1]) Dr. Karl Schmidt, Margarete von Anjou vor und bei Shakespeare. Berliner Diss. 1905.

[2]) Pauli a. a. O. V, S. 685 ff: Die Quellen zur Geschichte des 15. Jahrhunderts.

[3]) Richard III. up to Shakespeare. By George B. Churchill. Palaestra 1900. Bd. X, S. 1 ff.

[4]) The Union of the Noble and Illustre Famelies of Lancastre and Yorke. (Henry 4th to Henry VIIIth). 1548.

[5]) The Chronicles of John Hardyng ... (1543). Together with the Continuation by Rich. Grafton ... by Henry Ellis. London 1812.

[6]) Holinshed's Chronicles of England, Scotland and Ireland. In 6 vols. London 1808. III.

[7]) a. a. O. S. 38, Anm. 1.

[8]) Pauli a. a. O. V, S. 697: „Die unter Mores Werken in der Regel abgedruckte lateinische Rezension ist in so holpriger Sprache geschrieben, daß schon im Jahre 1596 die Vermutung ausgesprochen worden ist, sie könne unmöglich das Werk des klassisch fein gebildeten Freundes des Erasmus sein. Wahrscheinlich gehört sie noch dem Kardinal Morton an, bei dem More in jungen Jahren viel verkehrte und dem er seine starke lancastersche Vorliebe verdankte. Das lateinische Exemplar liegt indes jedenfalls dem englischen zugrunde, welches seit der Originalausgabe fast durch alle Abdrücke hindurch schmählich entstellt war, bis es im Jahre 1821 von Singer orthographisch treu ediert wurde. In dieser Form ist es unstreitig, wie sich nachweisen läßt, um das Jahr 1509 aus Mores Feder geflossen, als ein schönes Beispiel einer eben selbstständig gewordenen englischen Prosa. Wegen der Form und der unter den Tudors beliebten Richard III. feindseligen Auffassung nahmen es Grafton, Holinshed und Stow fast vollständig in ihre Chroniken auf. Da auch sie keinen Schluß kennen, hat More die Arbeit höchst wahrscheinlich unbeendet gelassen."

[9]) Hart in seiner Ausgabe von N. Rowe's The Fair Penitent and Jane Shore, Boston und London 1907, S. XXII: Sir Thomas More's life of Richard III., originally written in Latin in 1509—1513.

Sturze Richards war. Nach dieser Quelle ist Mores lancastersche Neigung und seine bei den Tudors vorherrschende Animosität gegen Richard III. erklärlich. Das Werk macht schon in seiner eigentümlichen, durch frei erfundene Reden und Dialoge vielfach unterbrochenen Darstellungsweise durchaus nicht den Eindruck streng wissenschaftlicher Forschung; auch haben Buck[1]), Walpole[2]) u. a. viele einzelne Unrichtigkeiten und Oberflächlichkeiten nachgewiesen und klagt ihn namentlich der letztere sogar absichtlicher Fälschung der geschichtlichen Wahrheit an. Dennoch bildet es neben der im Todesjahr Richards (1485) geschriebenen Fortsetzung der Chronik von Croyland und den Angaben Fabyans eine der wichtigsten Quellen zur Geschichte Richards. Mores Werk (es reicht bei Holinshed von S. 711 bis 737) bricht mitten in einem diplomatisch gehaltenen Gespräch zwischen Buckingham und dem ihm zur Verwahrung übergebenen Bischof Morton ab, worin dieselben sich gegenseitig mit großer Vorsicht über die Hinneigung zu Richmond aussprechen. Der Schriftsteller und Verleger Grafton nahm das Werk in schlechter Übersetzung in seine 1543 herausgegebene Fortsetzung der Hardynge'schen Chronik auf; dann ward es in der 1548 bei ihm erscheinenden Chronik Halls weitergeführt, woraus es im Jahre 1577 in Holinshed meist wörtlich oder mit geringen Änderungen und Kürzungen überging[3]). Holinsheds Angabe (S. 710), daß er Mores Geschichte Wort für Wort mitteile, ist sonach, streng genommen, unrichtig; verschiedener Einschiebsel Graftons und Halls wird ausdrücklich gedacht."

---

ad [1]) und [2]) Oechelhäuser a. a. O. bemerkt hierzu S. 40, Anm. 1. „Sir George Buck schrieb 1646: The Life and Reign of Richard III. (abgedruckt in Kennet's History of England), welches die 1767 von Horace Walpole in seinen Historic Doubts on the Life and Reign of King Richard III. bis ins Paradoxe verfolgte Richtung einleitet, jenen unter den Tudors fast bis zur historischen Unkenntlichkeit geschwärzten Monarchen von allen oder doch fast allen der ihm zur Last gelegten Verbrechen zu reinigen, beziehungsweise dieselben zu entschuldigen. Jedenfalls haben beide Werke, trotz ihrer Übertreibungen, viel zur Klärung des Urteils über jene Geschichtsperiode und insbesondere zur Berichtigung der von Shakespeare benutzten Quellen beigetragen."

[3]) Hart, a. a. O. S. XXII ist derselben Meinung. Vgl. ferner Churchill a. a. O. S. 119: „The work was adopted with but slight changes of phraseology and meagre additions of fact into all the succeeding chronicles — the Hardyng continuation, Hall, Grafton, Holinshed and Stow."

Hiernach erhalten wir folgendes Abhängigkeitsverhältnis: Morton - More - Hardyng - Hall - Holinshed - Shakespeare.

Außer Thomas More und dem Verfasser der Chronik von Croyland, welche besonders für die Regierungsgeschichte Richards III. von hoher Bedeutung sind, ist noch Robert Fabyan (1512 in London gest.) als zeitgenössischer Schriftsteller von Wichtigkeit.

Dies sind die Quellen, welche für die Regierungszeit Richards III. vorliegen. Die einzigen geschichtlichen Angaben über Johanna Shore besitzen wir in More's „History of Richard III." Dieses Werk liegt im wesentlichen allen poetischen Bearbeitungen ihres Lebens zugrunde. Ich habe Mores Bericht, soweit es mir möglich war, zu berichtigen und zu ergänzen versucht. Eine große Anzahl historischer Werke behandeln jene Geschichtsperiode. Ich will daher nur auf einige der besten verweisen. So führe ich in erster Linie das von der historischen Forschung in England sowie in Deutschland allgemein anerkannte Werk von Lappenberg-Pauli an. Von englischen Werken kommen besonders Sharon Turner[1]), John Lingard[2]) und aus der neuesten Zeit Sir James H. Ramsay[3]) in Betracht. Im übrigen verweise ich auf das Quellenverzeichnis zur englichen Geschichte von Groß[4]). Über die Regierungszeit Richards III. habe ich die eingehenden wissenschaftlichen Biographien von Gairdner[5]) und Legge[6]) benuzt. Auch für das Leben Johanna Shores liegen einige Spezialdarstellungen vor. Rowe schrieb in demselben Jahre, in dem er sein Drama veröffentlichte, ein Leben Johannas auf Grund des Geschichtswerkes von Thomas

---

[1]) History of England during the Middle-Ages. London 1825. (5 Bde.) Bd. III.

[2]) History of England from the Invasion by the Romans. By John Lingard. Third Edition. London 1825, 8 vols. Deutsch von C. A. Freiherrn von Salis. Frankfurt a. M., 1828, Bd. V.

[3]) Lancaster a d York, A Century of English History, A.—D. 1399—1485. By Sir James H. Ramsay. Oxford 1892, (2 vols.) Bd. II. — Das Werk ist recht ansprechend und anschaulich geschrieben.

[4]) The Sources and Lit. of English History from the Earliest Times to about 1485 by Ch. Groß. London, New-York and Bombay 1900.

[5]) History of the Life and Reign of Rich. III. by James Gairdner. London 1878.

[6]) The Unpopular King. The Life and Times of Richard III. In 2 vols. By Alfred O. Legge. London 1885.

More[1]). Ferner haben Hart[2]) und Andrieux[3]) ihren Ausgaben eine kurze Lebensgeschichte Johannas vorausgeschickt.

Da Eduard IV., Eduard V. und Richard III. in den angeführten Geschichtswerken ausführlich dargestellt sind, beschränke ich mich im wesentlichen auf die Lebensgeschichte Johanna Shores. Jedoch werde ich näher auf den Charakter der in den poetischen Bearbeitungen auftretenden Personen eingehen.

In den Geschichtswerken wird Johanna zuerst bei der Schilderung des Charakters Eduards IV. genannt. Dieser König war am 9. April 1483 gestorben, bevor er noch das 41. Lebensjahr vollendet hatte[4]) (geb. 28. April 1442; er regierte von 1471 bis 1483). Sein frühzeitiger und plötzlicher Tod war die Folge seines ausschweifenden Lebens. Außer bei Lingard[5]) finden wir ein gutes Charakterbild bei Sharon Turner[6]): „The soul of Edward IV. united the most inconsistent qualities. At times an intellectual vigor flamed within him, that transcended all his competitors. Most daring in valor, tremendous in battle, and unexampled in English history for the frequency and completeness of his victories, the numbers or characters of his opponents, even when superior to his own, seemed only to multiply his energies, and ensure his successes. ... Victory, even when least probable, always came, as if enchanted, to his banner. The fields of Barnet, Towton, and Tewkesbury, and his recovery of his lost crown, are splendid instances, that neither superiority of numbers, nor able generalship, nor the opposing chances of unfavorable circumstances, availed against him." (S. 362/63.) Sein Lebenswandel wird bei Pauli[7]), Sharon Turner und

---

[1]) The Life and Character of Jane Shore. Collected from the Best Historians, Chiefly from the Writings of Sir Thomas More, who was her Contemporary and Personally Known to her. N. Rowe 1714. London. Im Britischen Museum unter T. 1092 (3); auf keiner deutschen Bibliothek vorhanden.

[2]) a. a. O. Introduction p. XIX—XXI.

[3]) Chefs-d'œuvres des théâtres étrangers. XIIme Livraison. Tome II. Paris 1822. Avertissement S. 4—7, S. 13—14 (Règne d'Edouard V, lettre XXV par Lord Littelton à son fils).

[4]) Lingard a. a. O., V, S. 268 schreibt fälschlich: „Er starb im einundvierzigsten Jahre seiner Regierung(!)".

[5]) ebenda, S. 269.

[6]) a. a. O. III, S. 361—369.

[7]) a. a. O. V, S. 442—448.

Lingard ziemlich übereinstimmend dargestellt[1]). Sharon Turner nennt ihn S. 363 „the ancient knight of invincible bravery, stepping down from his exalted pedestal to be the gay companion, the elegant coxcomb, and the voluptious gentleman.“

Treffend zeichnet Pauli S. 442—443 den Dualismus seines Charakters: „Sein ganzes Wesen war eine eigentümliche Mischung von Gutem und Schlechtem; neben wahrem Talente, einem unvergleichlichen Mute, der nur den Sieg kannte, und einem richtigen Scharfblicke in den meisten Dingen bestand, sobald wieder Ruhe eingetreten, eine an Gleichgiltigkeit grenzende Sorglosigkeit und die schwindelnde Genußsucht des echten Wüstlings. Die Natur selbst schien ihn zur Frauenliebe geschaffen zu haben, denn sein Antlitz war nach allen Zeugnissen bildschön, sein Wuchs tadellos. . . . Weiber gingen ihm Zeit seines Lebens über alles. In den Freuden des Bechers und der Tafel kannte er gar kein Maß, so daß ihn seine Beleibtheit bereits im Jahre 1475 verunstaltete. Glich er schon in diesen Stücken seinem Enkel Heinrich VIII., so war er dem Tudor auch in der eigentümlichen Gewalttätigkeit ein Vorbild.“

Über die äußeren politischen Ereignisse während der Regierung Eduards IV. kann ich mich kurz fassen, da sie in den angeführten Geschichtswerken genau behandelt sind. Sie bilden die Haupthandlung in Heywoods Drama Eduard IV., welches später untersucht werden soll; für die übrigen poetischen Bearbeitungen Johanna Shores kommen sie nicht in Betracht, da die Handlung hier erst mit dem Tode Eduards einsetzt.

Durch die Schlacht bei Towton[2]) (29. und 30. März 1461) gelangte Eduard auf den Thron Englands und wurde im Juni desselben Jahres zum König gekrönt. Er gewann bald große Popularität, welche durch die Heirat mit Lady Elisabeth Grey verstärkt wurde. Andererseits zog er sich hierdurch den Haß des Adels zu. Es bildete sich eine Partei gegen den König, an deren Spitze Graf Guy von

---

[1]) Ramsay a. a. O. hat ein Bildnis Eduards wiedergegeben (von dem Original in der Royal Collection in Windsor). S. 269 schreibt er: „Edward was a young man and owed with a very fine physique, tall, strong, and handsome — 'The White Rose of Rouen'.“

[2]) Vgl. Sh. Turner S. 246 ff. Eduards Heer war um etwa ein Fünftel schwächer als das Heinrichs; die Schlacht war eine äußerst blutige und dauerte zwei Tage.

Warwick stand[1]). Nach der Schlacht von Hedgecote im Jahre 1649 wurde Eduard bei Coventry gefangen genommen, doch gelang es ihm zu entkommen. Im nächsten Jahre schlug er seine Feinde bei Empryngham in Rutlandshire und zwang Clarence und Warwick zur Flucht. Diese wandten sich an Ludwig XI. um Hilfe; sie landeten dann wieder in England und überraschten Eduard. Mit genauer Not gelang es dem Könige, den nächsten Seehafen zu erreichen und nach Holland zu entkommen.

Nun wurde Heinrich VI. wieder als König eingesetzt[2]). Aber seine Herrschaft sollte nicht lange dauern. Im März 1471 landete Eduard an der Mündung des Humber, wurde in der Stadt York nach anfänglichen Feindseligkeiten freundlich aufgenommen und sammelte ein kleines Heer um sich. Während Warwick von London abwesend war, gelang es ihm schon nach wenigen Wochen seiner Landung in Englands, sich wieder in den Besitz Londons und der Königskrone zu setzen. (Schlacht bei Barnet[3]), 14 April 1471, Schlacht bei Tewkesbury, 4. Mai 1471.) Acht Tage nach der Schlacht bei Tewkesbury erschien plötzlich Lord Falconbridge, welchem Warwick die Überwachung des Kanals anvertraut hatte, an der Spitze eines starken Heeres vor London und verlangte die Freilassung König Heinrichs. Aber der Mayor und die Aldermen schlossen die Tore und verteidigten die Stadt tapfer, bis Eduard zum Entsatz nahte. Am 21. Mai zog Eduard in London ein und schlug den Mayor und die Aldermen wegen ihrer tapferen Verteidigung zu Rittern. [Von den letzteren lehnte Shore, Johannas Gatte, die Ehre ab, weil er sie nicht verdient zu haben glaubte. Diese Szenen werden genau in Heywoods „Eduard IV.“ geschildert; bei dieser

[1]) Ein Kultur- und Sittenbild jener Zeit entwirft Bulwer in seinem Roman „The Last of the Barons“. Vgl. die Diss. von Joh. Müller. Rostock 1907.

[2]) Graf Warwick war bald unter dem Beinamen eines „Königsmachers“ bekannt.

[3]) Eduard hatte seinen rechten Flügel seinem Bruder, dem Herzog von Gloucester, obwohl dieser damals erst 19 Jahre alt war, und seinen linken Flügel Lord Hastings anvertraut. Dieser wurde zuerst zurückgeschlagen; aber das Zentrum unter des Königs Führung und besonders der rechte Flügel hielt dem ersten Ansturm stand und ging dann selbst zum Angriff vor. Nach wenigen Stunden verlor Warwick Sieg und Leben. Vgl. die Schilderung des Kampfes bei Bulwer a. a. O.

Gelegenheit lernt auch der König Johanna kennen.] Am 26. Mai lieferte Falconbridge seine Schiffe aus und übergab die Stadt Canterbury, in der er sich festgesetzt hatte. Am 22. Mai starb König Heinrich. Über die Art seines Todes verbreiteten sich bald verschiedene Gerüchte; man bezeichnete den Herzog von Gloucester als seinen Mörder. So stellt es auch Shakespeare dar; aber er verfolgte hiermit einen ganz bestimmten Zweck: diese Tat sollte ein Beispiel von der verbrecherischen Politik Richards geben, der vor keiner grausigen Tat zurückschreckte, um sein Ziel, den Besitz der Königskrone, zu erreichen [1]).

Eduards Bruder Clarence heiratete im Jahre 1472 die älteste Tochter des Grafen von Warwick; der Herzog von Gloucester erlangte die Hand und die reichen Besitzungen der jüngsten Tochter Anna, welche mit dem Prinzen Eduard verlobt war [2]), der bei Tewkesbury fiel. Clarence geriet mit König Eduard in Differenzen, welcher ihn durch das Parlament des Hochverrats schuldig erklären ließ und den Herzog Buckingham mit der Hinrichtung beauftragte [3]). Die Schuld an Clarences Tode wurde wieder mit Unrecht auf den Herzog von Gloucester gewälzt; — so stellt es auch Shakespeare in Richard III. dar. Hiergegen spricht schon, daß nicht der Herzog oder seine Freunde, sondern die Partei der Königin den größten Vorteil aus dem Tode Clarences [4]) zog.

Der Adel Englands war jetzt mächtiger als je zuvor. Die Häupter der Familien Warwick und Somerset waren zwar im Bürgerkriege gefallen; aber an ihre Stelle traten Hastings, Buckingham, Stanley, Howard und andere. Zwischen ihnen und der Partei der Königin fanden fortwährend Streitigkeiten statt. Der König ließ sogar einmal seinen Liebling Hastings wegen eines Streites mit Rivers, dem Bruder der Königin, verhaften und in den Tower werfen, wo Hastings täglich sein Todesurteil erwartete [5]).

---

[1]) Vgl. Sharon Turner a. a. O. III, 342 ff. Turner sucht Richard vom Verdacht dieser Tat zu reinigen. Richard war damals erst 18 Jahre alt.

[2]) Ebenda S. 346, Anm. 1. Die Geschichtsschreiber waren der Meinung, daß beide schon verheiratet waren; dieselbe Annahme findet sich auch bei Shakespeare (Rich. III, Akt I, Sz. 2) in der berühmten Szene zwischen Richard und Anna.

[3]) Clarence wurde in einem Malvesierfasse ertränkt. Vgl. Sh. Turner, a. a. O. III, S. 349, Anm. 15.

[4]) Vgl. Turner, S. 350 f.

[5]) Vgl. Shakespeare, Richard III, Akt I, Szene 1; cf. Turner, S. 355 f.

Zu diesen inneren Unruhen kamen äußere hinzu. König Eduard geriet in Feindseligkeiten mit Frankreich; im Jahre 1475 setzte er mit einem glänzenden Heere über den Kanal und zwang Ludwig XI. zur Zahlung eines hohen jährlichen Tributes. — Gegen Ende der siebenziger Jahre brachen in Schottland Aufstände und Unruhen aus, und diese benutzte Eduard, um Gloucester mit einem kleinen Heere gegen König Jakob III. zu schicken. Dem kühnen Herzog gelang es, Berwick zu erobern. Er gewann durch diesen Feldzug, welchen er selbständig drei Jahre lang (1480—1482) mit großem Geschick leitete, einen ungeheuren Einfluß, sodaß er im nächsten Jahre nach Eduards Tode der mächtigste Mann in England war.

König Eduard starb am 9. April 1483. Seinem Willen gemäß folgte zunächst sein ältester Sohn Eduard (V., vom 9. April bis 26. Juni 1483). Dieser war damals erst 13 Jahre alt. Seine Erziehung lag in den Händen seines Oheims, des Grafen Rivers, welcher als der vollendetste Edelmann des Hofes galt.

Der Adel spaltete sich jetzt in drei Parteien. Zu der ersten gehörten die Verwandten und Freunde der Königin: ihr Bruder Graf Rivers, ihre Söhne aus erster Ehe, der Marquis Dorset und Lord Richard Grey. Von diesen war Graf Rivers der mächtigste. Als Erzieher des Prinzen in Ludlow hatte er die größte Aussicht, das Haupt der zukünftigen Regierung zu werden, wenn die Königin zur Regentin ernannt werden würde. Ein jüngerer Bruder Richard Greys war Thomas, der spätere Marquis Dorset, der beim Tode König Eduards Gouverneur des Tower war. Zu dem prinzlichen Haushalt in Ludlow gehörte ferner Sir Thomas Vaughan, ein einflußreicher Edelmann aus Wales. — Die zweite Partei bestand aus dem hohen Adel, welcher an den öffentlichen Ämtern teilzunehmen wünschte: Rotheram, Erzbischof von York; Dr. Russell, Bischof von Lincoln; Morton, Bischof von Ely; ferner Hastings, Stanley und Lovel. Lord Hastings spielt im Drama Rowes eine wichtige Rolle. Er war der Vertraute König Eduards von seiner Thronbesteigung an gewesen, er war sein Günstling und Hauptberater; er hatte Katharina, die Tochter des Herzogs von Salisbury, geheiratet[1]) und war

[1]) Ramsay S. 474: „. . . he had been raised to the peerage in 1461, receiving the hand of another sister of the King-maker, Catherine, widow of William Bonville III, Lord Haryngton."

zum Lord Chamberlain des königlichen Haushaltes und zum Gouverneur von Calais und Guynes ernannt worden. — Zur dritten Partei — dem Adel ohne öffentliche Ämter — gehörte der mächtige Herzog Heinrich von Buckingham, der spätere ehrgeizige, unumschränkte Vertraute König Richards III. — Die beiden ersten Parteien standen sich feindlich gegenüber; Hastings und Rivers waren durch ihren Streit, schon unter Eduard IV., zu Todfeinden geworden.

Allein unter dem hohen Adel Englands stand der Herzog von Gloucester. Er hatte keine Freunde, auch noch keine Feinde, wenn er auch der Partei der Königin mit großem Mißtrauen und Haß gegenüberstand. Von dieser Seite aus sah er sich bedroht. Sharon Turner meint[1]), daß Gloucester allein durch die Art der Verhältnisse zu seinem späteren blutigen Handeln getrieben worden sei: „When the whole truth of the case is temperately considered, instead of Richard being regarded as some peculiar monstrosity of human nature, it may be doubted, if any nobleman of his court, though not born with teeth (More p. 154 and Shakespeare), would, under the same circumstances, dangers, inducements, and impulses, have acted otherwise.“ Gairdner und Legge[2]) suchen Richard von den meisten ihm zur Last gelegten Verbrechen überhaupt zu reinigen[3]).

Beim Tode Eduards war der Herzog an der Grenze Schottlands. In seiner Abwesenheit trat in London der königliche Rat zusammen, setzte einstimmig die Krönung Eduards V., auf den 4. Mai fest und bestimmte, daß dieser sofort nach London käme. Zugleich erhob sich die schwierige Frage, wen man bei dem jugendlichen Alter des Prinzen zum Regenten des Reichs ernennen sollte. Der Marquis Dorset nahm den Schatz des Königs aus dem Tower und rüstete damit eine Flotte zum Schutze für die Königin aus. Gloucester traf, aus dem Norden zurückkehrend, mit Buckingham und Rivers in Northampton zusammen. Der letztere hatte den König vorausgeschickt, weil er eine Zusammenkunft desselben mit Gloucester vermeiden wollte. Dies mußte den Verdacht der beiden Herzöge erregen; nach einem gemeinsamen Bankett hielten

[1]) a. a. O. III. S. 374.

[2]) Siehe a. a. O. vol. II.

[3]) Vgl. Sh. Turner III S. 395 ff. „Bluttaten waren damals an der Tagesordnung, keiner traute dem anderen, alle sahen einem Bürgerkriege entgegen.“

beide eine Beratung ab. Sie erkannten die ihnen von der Königin drohende Gefahr und beschlossen die Festnahme Rivers' und Greys. Diese Maßregel war eine Ungerechtigkeit und Gewalttat; sie wurde aber durch die Not veranlaßt. In Stratford holten sie den König ein, begrüßten ihn mit aller Ehrerbietung und klagten dann seine Oheime des Verrates an. Es besteht kein Zweifel, daß Gloucester beabsichtigte, sie zu vernichten[1]). Nachdem er Rivers in seine Gewalt bekommen hatte, war er der mächtigste Mann und konnte handeln wie er wollte.

Die Nachricht von diesen Ereignissen brachte ganz London in Aufruhr. Die Königin begab sich sofort mit ihren Töchtern und ihrem jüngsten Sohne von dem Tower in das Sanktuarium. Hastings versicherte sie seiner Treue; er glaubte nicht, daß Gloucester verräterisch handeln würde. Die Hauptstadt wurde wieder ruhig, als der König am 4. Mai seinen Einzug hielt. Aus den M. S. S. Vitel. E. 10[2]) geht hervor, daß im Mai eine Versammlung von Parlamentsmitgliedern stattfand, die den Herzog endlich zum Regenten ernannte. Der König wurde auf Buckinghams Vorschlag in den Tower gebracht; im Laufe des Sommers sollte seine Krönung stattfinden. Ein neues Parlament war auf den 25. Juni berufen worden.

Neben Gloucester war der mächtigste Lord Hastings. Dieser Edelmann war der eifrigste Freund des jungen Königs. Wenn er mit Gloucester für die Hinrichtung Rivers' und der Greys stimmte, so tat er es nur aus Furcht und Abneigung gegen diese, keineswegs aus Liebe zu Richard. Dieser betrachtete ihn auch als seinen größten Feind, obwohl er ihn gern für seine Pläne gewonnen hätte. Gegen Hastings und die Woodvilles verbanden sich mit Richard der Herzog von Buckingham, die Lords Howard, Lovel und Northumberland, ferner Sir Richard Ratcliff, die Brakenburys, Tyrells und einige andere. Aber zu offenen Feindseligkeiten kam es vorläufig noch nicht. Der junge König durfte sich frei bewegen und verkehrte mit seinen Freunden Hastings, Stanley und der hohen Geistlichkeit Londons.

Am 13. Mai erhielten die Freunde Richards große öffentliche Ämter und Ländereien. Am 5. Juni setzte Richard die Krönung Eduards auf den 22. Juni fest und

---

[1]) Sh. Turner a. a. O. III, S. 413.

[2]) ebenda, S. 418 ff.

ließ zu diesem Tage den Adel nach London entbieten. Je näher der Krönungstag heranrückte, desto größer wurde die Spannung zwischen Hastings und Gloucester. Jener berief seine Freunde zu Beratungen nach St. Paul, dieser nach Crosby House. Es ist wahrscheinlich, daß jede von diesen Parteien die geheimen Zusammenkünfte der anderen kannte; wir wissen auch, daß Hastings bei den Beratungen des Protektors einen Späher hatte. Gerade dieser — es soll Catesby gewesen sein — wurde später Hastings zum Verderben. Das Verhältnis zwischen diesem und dem Protektor war eigentümlich. Richard liebte Hastings und beauftragte Catesby, ihn für seine Partei zu gewinnen; der Lord seinerseits warnte den Herzog vor geheimen Feinden. So steht Catesby zwischen beiden, auf der einen Seite als der Versöhnende, auf der anderen Seite als der Verräter an Hastings. Nach Briefen vom 8. und 10. Juni scheint Gloucester an Stelle von Hastings zum „Chamberlain" ernannt worden zu sein[1]).

Am 13. Juni versammelten sich viele Lords im Tower, um über alles Notwendige für die Krönung zu beraten. Hier ereigneten sich nun die Vorgänge, welche Thomas More genau überliefert hat. Seine Angaben sind fast wörtlich von Shakespeare in Richard III.[2]) und später von Rowe in seinem Drama „Jane Shore"[3]) aufgenommen worden.

Weniger wörtlich erscheint diese Szene auch in der „True Tragedy of Richard The Third"[4]). Da Hart in seiner Ausgabe[5]) von Rowes „Jane Shore", welche leicht zugänglich ist, die Schilderung, wie sie sich bei Thomas More findet, wörtlich -- in modernisierter Orthographie — abgedruckt hat, kann ich mich hier kurz fassen; diese Szene wird später bei Rowes Drama genauer behandelt werden.

Während der Beratung klagte Gloucester Hastings an, daß er im Bunde mit der Königin und der Hexe Johanna Shore stehe und daß sie beide an seinem verwelkten Arm Schuld trügen. Als der Lord Johanna entschuldigen wollte, ließ Gloucester ihn verhaften und auf der Stelle hinrichten. -- Es läßt sich nicht mit Genauigkeit feststellen, welches die wahren Ursachen zu diesem plötz-

[1]) vergl. Turner. S. 444.
[2]) Akt III, Szene 4.
[3]) Akt IV. Ausgabe von Hart a. a. O. S. 177 ff.
[4]) a. a. O. Shakespeare Society 1844. S. 32 ff.
[5]) a. a. O. Appendices to Jane Shore. S. 221 ff.

lichen Einschreiten des Herzogs waren: „How the truth, on these deplorable actions, really stood between the two great men, the heads of their respective factions, no modern historian can decide“ [1]).

Am Mittag sandte Richard nach den vornehmsten Bürgern und versicherte ihnen, daß Hastings und andere ihm und Buckingham nach dem Leben getrachtet hätten. Dies wurde dem Volke öffentlich in einer Proklamation verkündet.

Sodann wurde Johanna Shore verhaftet, ihre Güter wurden eingezogen; sie selbst dem Bischof von London zur Bestrafung für ihren Ehebruch übergeben. Dieser verurteilte sie zum öffentlichen Bußgange im Bußhemde am nächsten Sonntage. Alle Einzelheiten, welche uns über diese Vorgänge überliefert sind, bringe ich später bei der Lebensgeschichte Johannas im Zusammenhange.

Am 16. Jnni zwang Richard den Herzog von York mit Gewalt, in den Tower überzusiedeln. Dieses Datum ist von großer Wichtigkeit [2]). Es wird von der Historia Croylandensis S. 566 ausdrücklich genannt. Nun hat More die Übersiedelung des jungen Herzogs nach der Verhaftung Hastings angesetzt; desgleichen auch die Hinrichtung Rivers'.

Mit diesem Gewaltakt war Richard die Usurpation der Krone gelungen. Es ist erstaunlich, daß sich der Adel nirgends widersetzte. Alle, die ihn unterstützten, hofften wohl, hieraus Vorteil zu ziehen. — Am nächsten Sonntag, dem 22. Juni, erklärte Dr. Ralph Shaw, Bruder des Lord Mayors, in einer Predigt in St. Paul, daß der junge König illegitim, ja sogar Eduard IV., nach dem Ausspruche seines Bruders Clarence, ein Bastard gewesen sei. Diese Predigt war natürlich von Richard veranlaßt worden. Aber der Erfolg, welchen er sich davon versprochen hatte, trat nicht ein. Das Volk schien Eduard treu zu bleiben. — Ebenso wenig erreichte Buckingham am 24. Juni in einer Versammlung des Bürgerrates in der Guildhall. Am nächsten Tage gelang es ihm endlich, Richard auf den Thron zu bringen. Von dem Mayor, den Aldermen und verschiedenen Adligen begleitet, suchte er Richard in seinem Palaste auf und bat ihn in aller Form, die

---

[1]) Sh. Turner a. a. O. III. S. 447.

[2]) Später wird es bei der Feststellung der von Rowe für sein Drama benutzten Vorlagen ein Hauptkriterium sein.

Königskrone anzunehmen. Nach anfänglicher scheinbarer Weigerung erklärte sich Richard hierzu bereit.

Das Parlament war zu demselben Tage einberufen worden. Es bestätigte dann die Wahl des Königs. Eine Parlamentsurkunde setzte fest, „that before Edward's private mariage with lady Grey, he stood plighted to dame Eleanor Butteler, daughter of the old earl of Shrewsbury, with whom he made a precontract of matrimony, long before his nuptials with the present queen; and therefore, that his issue were illegitimate: and that the line of Clarence being attainted, Richard was become his father's heir[1].“

Am 23. Juni hatte Richard die Hinrichtung Rivers' und Greys in Pomfret befohlen. Am 26. Juni 1483 bestieg er als Richard III. den Thron Englands.

Ich habe die politischen Ereignisse Englands bis zur Thronbesteigung Richards dargestellt, soweit sie in den poetischen Bearbeitungen Johanna Shores eine Rolle spielen. Auf den Charakter Richards gehe ich hier nicht ein, sondern verweise auf die vielen Spezialuntersuchungen. Welche Rolle er in unseren Dramen spielt, lege ich später dar. Ich gebe nun im folgenden eine zusammenhängende Darstellung der Lebensgeschichte Johanna Shores, wie sie von Thomas More überliefert ist. Seine „Tragical History of Richard III.“ habe ich nicht im Original benutzen können, da sie mir nicht zugänglich war, sondern in der Fassung, wie sie von Hardyng-Grafton, Hall und Holinshed überliefert ist.

Nach Henry Wheatley[2]) hieß der Vater Johannas Thomas Wainstead. In den Chroniken wird sie nur unter dem Namen ihres Mannes genannt. Dieser heißt in unseren Gedichten und Dramen Matthew Shore; Wheatley dagegen meint S. 268: „we have the best authority for affirming that his true name was William[3]).“

---

[1]) Sh. Turner, S. 457.

[2]) H. W., Reliques of Ancient English Poetry, London 1876, vol. II, S. 268: „According to Mr. Nugent Bell, in his Huntingdon Peerage, the name of the father of J. Sh. was Thomas Wainstead.“ — „Granger says that the Duchess of Montagu had a lock of her hair which looked as if it had been powdered with gold dust.“

[3]) Auch Alfred O. Legge, vol. II, S. 143, nennt ihn William Shore.

Drayton bemerkt in seinen Episteln[1]): „What her father's name was, or where she was borne, is not certainly knowne."

Ein Originalgemälde Johannas, auf welchem sie fast nackt erscheint, ist in Provost's Lodgings in Eton, ein anderes in Provost's Lodge in King's College, Cambridge, erhalten. In den Roxburgh Ballads befindet sich ein Bildnis Johannas, welches sie in reicher Tracht darstellt.[2])

Drayton[3]) gibt eine genaue Beschreibung ihrer Gestalt: „Her stature was meane, her hair of a dark yellow, her face round and full, her eye gray, delicate harmony being betwixt each part's proportion, and each proportion's colour, her body fat, white and smooth, her countenance cheerfull and like to her condition. The picture which I have seen of hers was such as she rose out of her bed in the morning, having nothing on but a rich mantle cast under one arme over her shoulder, and sitting on a chaire, on which her naked arm did lie."

Über das frühere Leben Johannas, insbesondere über ihr Verhältnis zu König Eduard IV., ist sehr wenig überliefert. Es ist eine auffallende Tatsache, daß die englischen Geschichtsschreiber sich stets gescheut haben, über die Maitressen ihrer Könige Näheres zu berichten. „Jane Shore est, à ce qu'il me semble", sagt Andrieux[4]), „la seule des maîtresses des rois d'Angleterre, dont les historiens anglais aient daigné faire quelque mention. Les écrivains de l'histoire de France sont moins scrupuleux ou plus véridiques; ils recueillent, avec exactitude, les faits et gestes des maîtresses en titre de nos rois; ils présentent ces dames comme des personnages d'une haute importance, et ils en parlent presque toujours avec un respect tout-à-fait encourageant pour les beautés qui seraient tentées de prétendre à ce genre d'illustration."

---

[1]) Poems by Michael Drayton. Reprinted from the edition of 1605. Publications of the Spenser Society. Issue Nr. 46. 1888. Part II, S. 69.

[2]) Vgl die Angaben über ihre Portraits in Notes and Queries. London 7th series VII, S. 217.

Hart a. a. O. p. 219 spricht auch von einem Portrait in Hampton Court, welches ihren Namen trägt.

[3]) a. a. O. II, S. 69: Description of Shore's Wife.

[4]) Chefs-d'œuvre du Théâtre anglais. Paris 1822. Tome II, S. 5–6.

Ich gebe im folgenden Johannas Lebensgeschichte, wie sie bei Hall[1]) abgedruckt ist, wieder und ergänze seine Darstellung durch die Zusätze, welche sich bei Hardyng-Grafton und Holinshed finden:

Hall S. 363: „Shore's wife was born in London, worshipfully frended, honestly brougth up, and well maried, saving somewhat to soone; her husbande an honest citizen, yonge, and goodly, and of good substance. But forasmuche, as they were coupled ere she wer wel ripe, she not very fervently loved, for whom she never longed. Which was happely the thinge, that the more easily made her incline unto the king's appetite, when he required her. Howbeit the respect of his royaltie, the hope of gay apparel, ease, plesure and other wanton welth, was able soone to perse a soft tender hearte. But when the king had abused her, anon her husband (as he was an honest man and one that could his good, not presuming to touch a kinges concubine) left her up to him al together. When the king died, the lord chamberlain toke her[2]): which in the kinges daies, albeit he was sore enamoured upon her, yet he forbare her, either for reuerence, or for a certain frendly faithfulnes.

Proper she was and fayre, nothing in her body that you could[3]) have chaunged, but if you would have wished her somewhat higher. This saye that knewe her in her youthe, some sayed and iudged that she had been well favoured[4]), and some iudge the contrary, whose iudgement

---

[1]) Hall Chronicle. Original Title: The Union of the noble and illustre famelies of Lancastre & Yorke 1548. S. 363 ff.

[2]) In Percy, Reliques Francfort 1803. vol. II, S. 214 steht folgende Anmerkung hierzu: „After the death of Hastings, she was kept by the marquis of Dorset, son to Edward IV's queen. In Rymer's Faedera (nämlich XII, 204) is a proclamation of Richard's dated at Leicester Oct. 23. 1483, wherein a reward of 1000 marks in money, or 100 a year in land is offered for taking "Thomas late marquis of Dorset, who not having the fear of God, nor the solvation of his own soul, before his eyes, has Damnably debauched and defiled many maids, widows, and wives, and Lived in Actual Adultery with the Wife of Shore." — Buckingham was at that time in rebellion, but as Dorset was not with him, Richard could not accuse him of treason, and therefore made a handle of these pretended debaucheries to get him apprehended."

[3]) bei Percy ebenda: wold.

[4]) ebenda. Albeit some that now see her (for yet she liveth) deme her never to have bene wel visaged.

seemeth like as[1]) mēne gesse the beautye of one long before departed, by a scaple[2]) taken out of a chanell house, & this iudgement was in the tyme of kyng Henry the eight, in the XVIII. yere of whose reigne she dyed, when she had nothing but a reueled skynne and bone.“

Bei Percy S. 214—215, welcher More selber zitiert zu haben scheint, findet sich folgender Zusatz: for now is she old, lene, withered, and dried up, nothing left but ryvilde skin, and hard bone. And yet being even such, who so wel advise her visage, might gesse and devise which partes how filled, wold make it a faire face[3]).

„Her beautye pleased not mēne so much as her pleasant behaviour; for she hadde a proper wytte & coulde both reade and wryte, mery in compaigny, redy and quicke of answere, neyther mute nor full of bable; sometime tautyng without displeasure, but not without disporte.

King Edward would say y[t] he had three concubines, which in three divers properties diversly excelled. One the meriest, another the wiliest, the thirde the holiest harlot in his realme, as one whom no man could get out of the church lightly to any place, but it wer to his bed. The other two were somwhat greater personages, and natheles of their humilite content to be nameles, and to forbere the praise of those properties, but the meriest was this Shoris wife, in whom the king therfore boke special pleasure. For many he had, but her he loved whose favoure she never abused to any mās hurt, but to many mens comforte & reliefe. For where the king toke displeasure, she would mitigate & apeace his mynde, where men were out of favour, she would bring thē into his grace, for many that had highly offended, she obtayned pardon & of great forfeatures she gat remission, and finally, in many weighty suites she stode many mene in great steade, either for none or very small rewardes, and those rather gay than rich: either for that she was content with the dede selfe well done, or for that she delited to be sued unto, and to show what she was able to do wyth the king, or for that wanton women and welthy

1) ebenda: Whose jugement seemeth one somewhat like, as though men ...

2) ebenda: by her scalpe taken out of the charnel house.

3) Derselbe Zusatz steht bei Holinshed a. a. O. London 1808. III, S. 384.

be not alway covetous. S. 364. I doubt not some man wyl thynke this woman to be to slight to be written of emong graue and weyghtie matters[1]), whiche they shall specially thynke that happely sawe her in her age & aduersite, but me semeth the chaunce so much more worthy to be remembered, in how much after wealth she fell to pouertie, and from riches to beggery unfrended, out of acquaintance, after good substance, after as grete favour with the prince, after as grete sute and seeking to with al those, that in those days had busynes to spede, as many other men were in their times, which be now famouse only by the infamy of their ill dedes. Her doinges were not much lesse, albeit thei be muche lesse remembred because thei were not so evil. For men use, if they have an evil turne, to write it in marble; and who so doth us a good tourne, we write it in duste. Which is not worst proved by her; for after her wealth[2]) she went beggyng of many that had begged them selfes if she had not holpen them; suche was her chaunce."

Unmittelbar hinter den S. 27 erwähnten Vorgängen im Tower am 13. Juni 1483, denen Hastings zum Opfer fiel, steht bei Hall die Verhaftung Johannas durch den Protektor und ihre Bestrafung durch den Bischof von London:

Hall S. 363. „Nowe then by and by as it were for anger and not for coueteous — (Percy II, S. 212: covetise) —, the Protectoure sent sir Thomas Hawarde to the house of Shores wyfe (for her husband dwelted not with her) whiche spoyled her of all that euer she had, aboue the valure of twoo or thre thousande markes, and sent her bodye to pryson. And the Protectoure had layde to her charge for the maner sake that she was a counsaill with the Lord Hastinges to destroye him. In conclusion he layed heynously to her charge that thing that she could not denye[3]). And for this cause he caused the bishop of London to putte her to open penaunce, goyng before a crosse one Sondaye at procession with a taper

[1]) Percy S. 215: „and set amonge the remembraunces of great matters."

[2]) Percy S. 216: „for at this day."

[3]) Bei Percy II, S. 213, ist hier eingeschoben: „... deny, that al the world wist was true, and that natheles every man laughed at to here it then so sodainly so highly taken — that she was naught of her body."

in her hand. In the whiche she went in countenaunce and peace so womanly, and albeit she was out of all aray sauyng her kyrtel only, yet went she so fayre and lovely, and namely when the wondryng of the people cast a comely red in her chekes (of which she before had most misse) that her great shame wanne her much prayse amongest them that were more amorous of her body then curious of her soule, and many good folke, that hated her liuyng, and were glad to se synne corrected, yet pitied they more her penance then reioysed it, when they considered that the protector uid it more of corrupt mynd, then any vertuons affeccion."

Über Johannas weiteres Leben sind wir nicht genau unterrichtet. Aus Richards Proklamation (in Rymer's Fœdera) geht keineswegs mit Sicherheit hervor, daß sie einen Protektor in der Person des Marquis von Dorset fand, vielmehr stimme ich den Argumentationen Nobles [1]) bei: „It could not be before she was taken by Edward, it could not be during that king's life, it could not be afterwards, by Richard's own account, for by his proclamation she then was the mistress of Hastings to the night preceding his being put to death. It could not be after that catastrophe, for ever after then Richard kept her either in the Tower or in Ludgate a close prisoner." Ähnlich spricht sich Hart, S. 20 aus: „Since Richard III. was by no means a strict moralist, this was in all probability a pretext for moving against a powerful noble, who might join in Buckingham's rebellion."

Nach Noble stirbt ihr Gatte in diesem Jahre. Sie wird während der Regierungszeit Richard III. in Ludgate gefangen gehalten.[2]) Hier machte sie noch mit ihrer Schönheit Eroberungen. Des Königs Sachwalter (solicitor) Thomas Lynom wollte sie heiraten. Richard wendet sich deshalb in einem Brief[3]) an den Bischof von Lincoln „to dissuade this Thomas Lymon, 'marvellously blinded and abused with the late (wife) of William Shore now being in Ludgate by our own commandment' from carrying

[1]) Some Particulars of the Life of J. Sh. By the late Rev. Mark Noble in: The Graphic and Historical Illustrator, ed. by Edw. W. Brayley, London, 1834, S. 55.

[2]) vgl. Gairdner a. a. O. 1878, S. 88: „Her husband too had died, apparently when Richard was king, and she became a prisoner in the city prison of Ludgate."

[3]) abgedruckt in M. S. Harl 433f. 340b.

out his contract of matrimony with her. The wise Lymon, who had received favors from Richard, desisted from pressing his suit·"[1]) Nach dem Tode Richards erlangte Johanna wahrscheinlich ihre Freiheit wieder. Sie lebte dann noch während der Regierung Heinrichs VII. und starb im 18. Jahre der Regierung Heinrichs VIII. (also um 1525).

Dies sind die wenigen geschichtlichen Tatsachen ihres Lebens. Wie reich ist im Vergleiche hierzu die poetische Überlieferung! In fast überreicher Fülle tritt hier der Stoff, besonders in den Dramen Heywords und Rowes, entgegen.

Kapitel II.

Johanna Shore in der englischen Literatur.

A. 16. und 17. Jahrhundert.

Aus der reichen Überlieferung dieser Periode behandle ich zunächst die Balladen und Gedichte. Zu dieser Gruppe gehören (vgl. S. 3, Übersicht in chronologischer Reihenfolge):

1. Legend of Shore's Wife von Thomas Churchyard. 1563. (Ballade.)
2. Beautie Dishonoured von Anthony Chute. 1593. (Gedicht.)
3. Edward to Shore's Wife und Shore's Wife to Edward von Michael Drayton. 1597. (2 Episteln).
4. a) The Woeful Lamentation of Jane Shore und
   b) King Edward und Jane Shore von Thomas Delony. 1603.

Von diesen Bearbeitungen war Nr. 4a die bekannteste und eine der ältesten. Die uns überkommene Fassung stammt jedoch erst aus dem Jahre 1603. Im 16. Jahrhundert wird die Ballade in der mündlichen Überlieferung fortgelebt haben, ohne daß sie aufgezeichnet wurde. Über die Beliebtheit dieser Ballade vgl. Collection of Old Ballads[2]):

„The use of these Songs too is very great. I have known Children, who never would have learned to read,

[1]) Hart S. XXI. — Der richtige Name ist Lynom, nicht Lymon, wie Hart schreibt. Vgl. J. Gairdner, S. 88; ferner Sh. Turner, S. 4?0.

[2]) London 1723. Preface S. VII.

had they not took a Delight in poring over Jane Shore, or Fair Rosamund." — Aus dieser ältesten lyrischen Poesie hat sich dann das epische Element entwickelt. Hierher gehört das Gedicht von A. Chute (Nr. 2).

Im Verhältnis zu Mores Chronik ist hier der Stoff ein weit reicherer. Man kann wohl von einer stetig fortschreitenden Weiterbildung desselben sprechen. Jndem jeder spätere Dichter etwas Neues hinzubrachte, entstanden neue Motive; neue Personen traten zu den alten hinzu, um sie besser zu charakterisieren oder einen scharfen Gegensatz zu ihnen zu bilden (so Mrs. Blague). — Die Balladen wurden später die Quelle für die Dramatiker. Diese übernahmen den nun schon durchgebildeten Stoff, um ihn ihrerseits zu erweitern. Diesen Vorgang findet man in der Literaturgeschichte jedes Volkes.

1. Die älteste Bearbeitung rührt von Thomas Churchyard († 1604) her. Sie ist aufgenommen im Mirror for Magistrates[1]), einem „Werke, welches zu einer Fundgrube tragischer Erzählungen für die Dramatiker der damaligen Zeit wurde[2])." Nachdem der erste Teil dieses Werkes 1559 erschienen war, wurde im Jahre 1563 eine zweite vermehrte Ausgabe veranstaltet, und in dieser wurde zuerst unsere Ballade von Thomas Churchyard veröffentlicht. Auf diese Ballade wird angespielt in dem Drama „The Return from Parnassus" Akt 1, Szene 1 in folgenden Versen, welche Ingenioso in bezug auf Churchyard sagt[3]): Hath not Shor's wife although a light skirts she, Given him a chast long lasting memory?

In der Ballade erzählt Johanna selber ihre Geschichte. Sie sagt, daß ihre Schönheit zum Fluch ihres Lebens geworden sei. Schwerlich hätte sie sich dem Wunsche

---

[1]) How Shore's Wife, King Edward the Fourth's Concubine, was by King Richard dispoyled of all her goods. and forced to doe open penance (oft kurz als Legend of Shore's Wife bezeichnet), in The Mirror for Magistrates ed. by Joseph Haslewood vol. II, Part I, S. 461 ff. London 1815 (nach einer Ausgabe von Rich. Niccols von 1610.) Diese Ballade ist außerdem abgedruckt in Brayley's Graphic Illustrator London 1834, wo eine Lebensbeschreibung Johannes nach Holinshed vorangeht. (London. British Museum: P. P. 5599; auf einer deutschen Bibliothek nicht vorhanden.)

[2]) Rich. Wülker, Gesch. der engl. Lit. von den ältesten Zeiten bis zur Gegenwart. 2. Aufl. Leipzig und Wien 1906. Bd. I, S. 239.

[3]) Der genaue Titel lautet: The R. from P. or the Scourge of Simony. London 1606. ed. Edw. Arber in English Scholar's Library Nr. 6, London 1879.

eines mächtigen Königs widersetzen können; sie tröstet sich immer wieder damit, daß ein König sie liebte. Wohlleben und Reichtum bewogen sie zu ihrem Fehltritte. Auf den König übte sie große Macht aus, welche sie jedoch nur in edelmütiger Weise dazu benutzte, um den Gefangenen und Bedürftigen Gutes zu tun. Nachdem sie ihrem Manne die Treue gebrochen hatte, weigerte sich dieser, sie wieder aufzunehmen. Nach dem Tode des Königs kam sie in große Not, da der Protektor ihr Feind war und sie verfolgte. Wenn sie auf der Straße ging, wurde sie von den Leuten gepriesen. Sie ruft wehe über den Tag ihrer Geburt. Gloster beraubte sie ihrer Güter, so daß sie betteln gehen mußte.

Die letzte Strophe lautet:

Thus long I liu'd, all weary of my lyfe,
Tyll death approcht, and rid mee from that wo:
Example take by mee, both mayde and wyfe,
Beware, take heede, fall not to folly so.
A Mirour make by my great ouerthro
Defy the world and all his wanton wayes
Beware by mee, that spent so yll her dayes[1]).

Die Ballade, welche 77 Strophen zu je 7 Versen umfaßt, ist in fünffüßigen Jamben gedichtet, welche nach dem Schema a b a b b c c gereimt sind.

„The legend while otherwise based wholly on More's account of Jane Shore, as printed in Hall, makes an important change and extension in the matter of her beggary[2])." Der Autor unserer Legende läßt Johanna sofort nach dem Urteilsspruche Richards betteln, während More sie erst viel später, am Ende ihres Lebens, in solcher Not darstellt. Dieser neue Zug bei Churchyard erscheint später auch bei allen dramatischen Bearbeitungen. Diese Ballade wurde die Quelle für die „True Tragedy of Richard III." Vergl. Churchill, S. 264: „This picture of Shore's wife, and not that of the chronicle, became . . . the basis of her representation in The True Tragedy of Richard the Third." — Die letzte Strophe zeigt große Ähnlichkeit mit der Moral am Ende von Rowe's „Jane Shore".

---

[1]) Die Signatur: Tho Churchyard wurde erst in der Ausgabe vom Jahre 1571 hinzugefügt. Bis dahin anonym.

[2]) George B. Churchill, S. 263.

2. A. Chute, Beautie Dishonoured[1]). Es ist ein langes Gedicht in fünffüßigen Jamben und umfaßt 197 je sechszeilige Strophen, deren Reime nach dem Schema a b a b c c angeordnet sind. Der Dichter widmete sein Werk Sir Edward Winckfield Knight. Der Inhalt ist im 2. Teile eine Klage Johannas über ihr verfehltes Leben, im ersten eine Geschichte ihrer Jugend.

Die ersten Strophen beginnen mit einer Anrufung der Musen. Dann wird, ähnlich wie in der vorigen Ballade, die Erzählung der Johanna in den Mund gelegt: Sie schildert zunächst ihre äußere Not und den Kummer ihres Herzens. Noch bei ihrem Tode sei sie schön gewesen, fügt der Dichter hinzu:

„A bewtie so deuine could never dye".

Als sie jung war, kannte sie ihre Schönheit wohl; auch wußte sie, daß ein geringer Fehltritt sie ins Unglück bringen könnte. Damals waren ihre Gedanken noch rein von Sünde. Ihres Vaters Haus lag einsam, sie war noch nicht bekannt. Dann wurde sie von ihren Eltern veranlaßt, einen schon älteren Mann zu heiraten, den sie verachtete; sie wußte, daß seine Liebe ihres Lebens Unglück werden würde. Gierige Habsucht ihrer Eltern war die Veranlassung hierzu gewesen. In ihrer Ehe fand sie keine Befriedigung. Ihr Kummer löste sich in Tränen; sie blickte voller Neid auf die glücklichen Ehefrauen. Wie konnte es zwischen ihr, dem jungen, schönen Weibe, und dem alternden Manne „Sympathie of love" geben? Als sie sah, daß ihre Schönheit bewundert wurde und daß man Mitleid mit ihr empfand, begann sie ihren Mann zu hassen. Ihr ganzes Wesen änderte sich. Sie gab ihre Zurückhaltung auf und wurde nun bald bekannt. Der Ruf ihrer Schönheit drang bis zum König. Sie zog ihn in ihre Netze, und willig lauschte er ihren Worten, die ihm süßer klangen als die Weisen der alten Sänger Orpheus und Arion. Über ihre eigenen Worte erschreckt, floh sie davon. Aber der König suchte sie wieder auf und zog sie an seinen Hof; sie leistete nun keinen Widerstand mehr.

---

[1]) Genauer Titel: B. D. written under the title of Shores Wife. London. Imprinted by John Wolfe. 1593. (Im Stationers' Register ist es unter dem 16. Juni 1593 für A(nthony) Chute eingetragen.) Es ist auf keiner deutschen Bibliothek vorhanden; im British Museum unter C 39 c 12. Eine Abschrift hiervon befindet sich in meinem Besitz.

And then me thought though I n'er pron'd before
A Kings imbrace was euen a heauen or more.

Dem Könige könnte sie keine Schuld zusprechen; er hätte sie nicht mit Gewalt gezwungen. Damals genoß sie die höchsten Ehren; jeder Wunsch wurde ihr erfüllt. Dieses Glück sollte jedoch nicht lange dauern. Der König starb, und mit seinem Tode begann ihr Elend. Sie empfand tiefe Reue über ihre Sünde; durch Weinen und Seufzen suchte sie ihr Herz zu erleichtern. Mit ihren Tränen schwand ihre Schönheit dahin. Damals regierte der stolze Richard Gloster. Er ließ sie auf Grund einer unwahren, erfundenen Geschichte verhaften und bezichtigte sie der Zauberei, sie wäre an seinem verdorrten Arme schuld. Er ließ sie vom Hofe jagen und befahl ihr, auf den Straßen zu betteln oder zu sterben. Keiner durfte ihr bei Todesstrafe Obdach gewähren. Dann schildert der Dichter ihre letzte Not und schließt mit den Worten:

Death vow'd her body should be eyed never,
Yet life hath vow'd her fame should live for ever. —

Hier zeigen sich verschiedene neue Momente. Neu hinzugekommen ist vor allem die Geschichte ihrer Jugend: Ihres Vaters Haus lag einsam; sie war noch wenig bekannt. Die Habgier ihrer Eltern wird Veranlassung zu ihrer Ehe mit einem älteren, ungeliebten Manne. Bald ändert sich ihr Wesen. Ihre Zurückhaltung hört auf; ihre Schönheit verschafft ihr überall Zutritt. Es ist beachtenswert, daß es hier Johanna ist, die den König anlockt und in ihre Netze zieht. — Wie Churchyard läßt auch Chute Johanna sofort nach ihrem Bußgange in Not und Elend geraten. Jedoch malt er diesen Zustand nicht weiter aus.

Das Gedicht Chutes ist wohl schwerlich Quelle für eine spätere dramatische Bearbeitung geworden. Es scheint im 16. und 17. Jahrhundert wenig oder gar nicht bekannt gewesen zu sein; es wird in keiner Literaturgeschichte jener Zeit erwähnt. Hart führt es bei seinen sonst ziemlich ausführlichen bibliographischen Angaben überhaupt nicht an. Meiner Meinung nach zeigt das Gedicht eine schöne, fließende Sprache und manche Stellen von poetischem Reize; es verdiente wohl, allgemeiner bekannt zu sein.

Es folgt als Anhang am Schluß dieser Arbeit!

3. Edward to Shore's Wife und Shore's Wife to Edward von Michael Drayton[1]). Obwohl diese Episteln erst im Jahre 1599 veröffentlicht wurden, sind sie schon einige Jahre vorher entstanden[2]). Sie sind in fünffüßigen paarweise gereimten Jamben gedichtet, „heroic verse" genannt. Die erste „Epistle" ist ein Lied auf die Schönheit Johannas. Hier findet sich dieselbe Geschichte von der Werbung und Verführung durch den König, welcher als Ritter verkleidet in den Juwelenladen tritt, wie sie Thomas Heywood für sein Drama „Edward IV." benutzt hat. Bei der Besprechung dieses Dramas komme ich ausführlich darauf zurück. — Was den Inhalt im einzelnen betrifft, so klagt Eduard zunächst darüber, daß das Schicksal der City freundlicher als dem Hofe gesinnt gewesen sei, da er Shore eine so schöne Frau gab. Eduard erzählt dann genau die Geschichte seiner Liebe zu Johanna. Zuerst wollte er dem Rufe ihrer Schönheit nicht trauen; als er sie aber selber gesehen hatte, ging sein Streben danach, sie zu besitzen. Zu diesem Zwecke begab er sich verkleidet in die Stadt und in den Laden Shores. Es folgt dann ein überschwengliches Lob auf Johannas Schönheit. Eduard bittet sie zuletzt um ihre Liebe; sie möge ihm an den Hof folgen.

Die 2. Epistel enthält die Antwort Johannas. Sie beginnt zitternd zu schreiben; ihre Schönheit ist nie so bewundert worden als durch Eduard. Sie preist die schönen Frauen Englands und stellt sie höher als die anderer Nationen. Sie kann es nicht recht verstehen, daß der König sie, die arme Bürgerliche, liebe, wo es am Hofe so viele schöne adlige Frauen gäbe. Dann kommt sie zu dem Entschluß, den König zurückzuweisen. Ihr Mann traue ihr, sie könne ihn nicht hintergehen. Aber nun regt sich die weibliche Eitelkeit in ihr. Sie weiß es, daß die Frauen diejenigen am meisten lieben, welche ihre Schönheit am meisten bewundern und preisen.

---

[1]) Poems by Michael Drayton. Reprinted from the edition of 1605. Publications of the Spenser Society. Issue Nr. 46. Part. II. 1888. S. 69ff. Sie finden sich ferner in den Roxburgh Ballads, 2nd Part.

[2]) vgl. Churchill, S. 439ff.: „Drayton's Heroical Epistles were certainly written years before their publication in 1599. See Spenser's allusion to him as Action in „Colin Clout's come home again," 1595, where this 'Heroical' work is distinctly indicated;" besonders auch S. 534—536.

In den letzten Versen scheint sie dem Könige Gehör schenken zu wollen. Es ist kein Wunder, wenn die von ihren Gatten zu streng gehaltenen Frauen der Versuchung zum Opfer fallen, wenn diese an sie herantritt, besonders wenn sie von einem Könige kommt:

„When Kings once come, they conquer as they list."

Zu dieser Epistel fügt dann Drayton die auf S. 21 zitierte „Description of Shore's Wife" hinzu. —

Diese beiden Episteln Draytons sind von Heywood in seinem Drama „Edward IV." als Quelle benutzt worden. Sie waren ihm um so eher bekannt, als sie wenige Jahre vor seinem eigenen Werke entstanden waren.

4. A. The Woeful Lamentation of Jane Shore[1]) und B. King Edward and Jane Shore von Thomas Delony 1603.

A. Diese Ballade findet sich in einer alten Balladensammlung[2]). Im Jahre 1765 nahm Percy sie in seine Reliques auf; Hart hat sie in seiner Ausgabe von Rowes Fair Penitent und Jane Shore auf S. 238—243 abgedruckt[3]). Es ist bemerkenswert, daß die erste Sammlung als Motto die Verse:

Let no nice sir despise our hapless dame
Because recording ballads chaunt her name;
Those venerable ancient song-enditers
Soar'd many a pitch above our modern writers.

aus dem Prolog Rowes zu Johanna Shore (v. 5—8) trägt.

Obwohl diese Ballade erst unter dem 11. Juni 1603 in die Stationers' Registers für Wm. White eingetragen wurde, ist sie sicher sehr viel älter. Schon Heywood hat sie gekannt; denn ihr entnahm er Namen und Charakter der Mrs. Blague. Die Ballade wird allgemein Thomas Delony zugeschrieben, der von etwa 1543 bis 1600 lebte[4]).

Über die Ausgaben nach White vergleiche Chappell[5]): „No copy of White's edition is now known. There are three in the Roxb(urghe) Coll., one, or more, in the Pepys,

---

[1]) Genauer Titel: The Woeful Lamentation of Jane Shore, a Goldsmith's Wife in London, sometime King Edward the Fourth's Concubine. To the Tune of „Live with me."

[2]) A Collection of Old Ballads. London 1723. 3 Bde. vol. I, S. 145 ff.

[3]) Auch in den Roxburghe Ballads by Wm. Chappell. London. Printed for the Ballad Society, 1871, steht sie Band I, S. 479 ff.

[4]) vgl. Richard Sievers, Thomas Delony. Berliner Dissertation. Weimar 1903.

[5]) Roxburghe Ballads vol. I, S. 479.

two in the Bagford, and two in Mr. W. Euing's Coll., but among them all, not one earlier than Charles the Second's time, or, at most, than the Protectorate. The earliest is probably Mr. Euing's Nr. 394, printed for Coles, Vere, and Wright, and the second is perhaps, the Pepys copy (I. 486), printed by Clarke, Thakeray, and Passinger. We have not yet seen any ballad with Passinger's name to it, that could with certainly be dated before 1670, although some on the undated may have been earlier. We can but give approximate dates to Stationers who were not printers."

Sowohl Percy als auch die Roxburghe-Sammlung drucken die Geschichte Johannas nach More ab. Die Melodie der Ballade (Live with me) ist Kit Marlowe's berühmtem Liede „Come live with me and be my love" entlehnt. In der Balladensammlung vom Jahre 1723 befindet sich vor der Ballade ein Bild, welches Johanna in reicher Tracht zeigt. Hier steht auch eine ausführliche Lebensgeschichte Johannas, welche auf Rowe und den alten Balladen basiert. Johannas Gatte wird Matthew Shore genannt; er war ungeheuer reich, und nur deshalb hatte Johanna ihn geheiratet. Ferner wird hier behauptet, daß Johanna nach Eduards Tode die Geliebte Hastings' wurde. Nach seiner Hinrichtung mußte sie auf Richards Befehl öffentlich Buße tun. Die Gründe hierfür werden verschieden angegeben: „The Writers of that Age tell us, she suffer'd thus for not complying with Richard's Request in moving Hastings to forsake Edward's Children and embrace his Cause — so wird es in den Dramen, insbesondere bei Rowe und Lemercier, dargestellt. — But there are others who differ very much in Opinion from these, and who will not allow Richard to have been that Tyrant he is generally represented. To prove this they urge that the Nation was overwhelmed with Ignorance, and that scarce a Man in it was able to write, the Monks excepted, who therefore had it wholly in their Power to represent People just as they pleas'd; that neither Richard the Second nor the Third were great Friends to Churchmen, and that for this Reason their Accounts cannot be look'd upon as Authentick, being more grounded upon Malice and Resentment than upon direct Fact. They add, that some of the Monks taking Occasion to cry out against the Heinousness of Adultery, and exclaiming against Jane Shore she was delivered over to the Spiritual Power, to be us'd just as they pleas'd, and, that drue, they laid her Usage to King Richard's Charge, as a fresh Instance of his Tyranny." — Diese beiden Richtungen der Beurteilung Richards III. machen sich noch in der modernen Geschichtsschreibung geltend. Gairdners „Life and Reign of Richard III." sucht Richard so viel als möglich zu entschuldigen.

Unsere Ballade ist in den erwähnten Sammlungen von einer alten „black letter copy" in der Pepys Collection abgedruckt. Der Inhalt ist folgender: Wie Rosamund hat Johanna Shore Ursuche, ihr Elend zu besingen. Die folgende Schilderung ihrer Lebensschicksale wird Johanna in den Mund gelegt. Sie war in ihrer Jugend sehr schön. Gegen ihren Willen mußte sie auf Wunsch ihrer habgierigen Eltern einen ungeliebten Mann, einen Goldschmied Matthew Shore in der Lombardstraße, heiraten. Nun wurde ihre Schönheit bekannt und kam auch dem Könige zu Ohren. Dieser suchte sie auf und bat sie um ihre Liebe. Johanna wies ihn zunächst zurück. Dann aber wurde sie durch eine Freundin namens Mistress Blague überredet, des Königs Geliebte zu werden. Johanna siedelte nun ganz an den Hof über; hier lebte sie in Freude und Zufriedenheit. Als ihr Gatte sich so schnöde verlassen sah, ging er von England fort und starb jenseits der See. Johanna hatte großen Einfluß über den König gewonnen und genoß das höchste Ansehen am Hofe. Während ihres Glückes tat sie überall Gutes und unterstützte Witwen und Waisen. Nach dem Tode Eduards begann ihr Elend. König Richard verurteilte sie zur öffentlichen Buße in der Lombardstraße, wo Tausende ihrer Demütigung beiwohnten. Auch ihre Güter und Einkünfte wurden ihr entzogen, und niemand sollte ihr Speise oder Trank gewähren. Nun wandte sich Johanna an Mrs. Blague und forderte von ihr die eigenen Juwelen, die sie ihr früher gesandt hatte, zurück. Diese jedoch weigerte sich, den Schatz herauszugeben, und trieb sie von der Türe fort. Ein Freund war ihr in ihrer Not geblieben, welcher ihr Nahrung besorgte und dafür gehängt wurde. Nach seinem Tode geriet sie in äußerste Not. Sie mußte auf den Straßen in ärmlichen Kleidern betteln und fand nirgends eine Unterkunft. Schließlich beendete sie ihr Leben in einer Grube, welche davon den Namen

Shoreditch erhielt.[1]) Die letzten beiden Strophen enthalten eine Warnung an alle „wanton wives that fall to lust.“

Die Ballade besteht aus 36 je vierzeiligen Strophen. Die Verse zeigen vier Hebungen und sind paarweise gereimt. In der alten Balladensammlung vom Jahre 1723 sind jeder Strophe folgende zwei Verse hinzugefügt:

Then wanton Wives in time amend,
For Love and Beauty will have end,

welche ein neues Versmaß, nämlich fünffüßige Jamben, zeigen.

Neu hinzugekommen ist hier Mrs. Blague, die Freundin Johannas. In den Chroniken wird sie nirgends erwähnt. Heywood führte sie unter demselben Namen in seinem Drama „Edward IV.“ ein, Rowe nennt sie Alicia. Da nur in dieser Ballade von einer Freundin Johannas die Rede ist, war sie sicher die Quelle für Heywood und Rowe. Auch die Charakterschilderung fanden beide in den wenigen Andeutungen unserer Ballade vorgezeichnet. Beide übernahmen vor allem die achte und neunte Strophe, welche die Überredung Johannas durch Mrs Blague enthalten, und die 24. und 25., welche die Zurückweisung der alten Freundin von seiten Mrs. Blagues zum Inhalt haben. — Unsere Ballade erwähnt nichts von einem Verhältnis zwischen Johanna und Hastings, welches in Rowes Drama so ausführlich geschildert wird.

In den Roxburghe Balladen folgt nun „The second part of Jane Shore wherein her sorrowful husband bewaileth his own Estate and Wife's Wantonnes, the wrong of Marriage, the Fall of Pride, being a warning for women.“ Percy, welcher mit dem ersten Teil endet, erwähnt nichts von dieser Fortsetzung. Sie rührt nach Chappels Meinung von einem anderen Dichter her als die erste Ballade und ist später als diese entstanden. Euing's Copy fügt „To the same tune“ hinzu. Das Metrum ist

---

[1]) Bei Percy, 1765. vol. II, S. 248 steht hierzu die Bemerkung: „But it had this name long before; being so called from its being a common Sewer (vulgarly Shore) or drain.“ Hart a. a. O. p. 219 meint, daß der Name vom Besitzer Sir John Shordich, der vor Eduard IV. lebte, abgeleitet sei.

dasselbe geblieben. Die beiden den Strophen angehängten Verse, welche eine Art Refrain bilden, lauten hier[1]):

In hope thereby some women may
Take heed how they the wanton play.

Diese Ballade bildet ein Gegenstück zum ersten Teil, indem sie eine Klage Matthew Shores enthält. Trotzdem sie es so gut bei ihm gehabt habe, sei sie dem Könige gefolgt. Er habe sie darauf verlassen und sei zur See gegangen. Er beschreibt genau, wo er überall gewesen sei. Nach kürzerem Aufenthalte in Flandern, Frankreich und Spanien sei er nach der Türkei gegangen, wo er längere Zeit geblieben wäre. In einem Spiegel eines Zauberers[2]) habe er Johanna erblickt, zuerst wie sie in den Armen des Königs lag, dann wie sie auf den Straßen Buße tat, bettelte und schließlich starb. Später, „in another Prince's reign", kam er nach England zurück, als sein Name wohl schon vergessen war. Hier übertrat er die Gebote des Prinzen und wurde zum Tode verurteilt. Die Ballade schließt mit der Strophe:

Thus have you heard the woful strife
That came by my unconstant wife,
Her Fall, my Death, wherein is shew'd
The story of a Strumpet lewd,
In hope thereby some women may
Take heed how they the wanton play.

Hinter dieser Ballade folgt (S. 492) „The description of Jane Shore," welche ihre Beschreibung wie bei Drayton enthält.

B. King Edward and Jane Shore. — In Imitation, and to the Tune of St. George and the Dragon.[1]) Diese berühmte Ballade ist als die vierte in der alten Balladensammlung (1723) abgedruckt. Unsere Ballade zeigt eine starke Anlehnung an diese, sowohl im Versmaß als auch

---

[1]) Jedoch ist hier der Refrain nicht immer der gleiche; er lautet z. B. in der ersten Strophe: Then in the same let me also — Now bear a part of such like woe.

[2]) vgl. Surrey, Lord Howard's Sonnets, in denen er seine Geliebte, Lady Geraldine, besingt, welche er gleichfalls in einem Zauberspiegel erblickt; ferner Scott, Lay of the Last Minstrel, VI, 14—19. Surrey ist für Scott wie für unsern Dichter die Quelle gewesen.

[1]) Diese Ballade steht in der Collection of old Ballads London 1723 als neunzehnte unmittelbar hinter der „Woeful Lamentation".

im Ausdruck; manche Strophen sind sogar wörtlich herübergenommen. Zum Vergleich stelle ich die erste Strophe in den beiden Balladen nebeneinander:

St. George and the Dragon:
(Strophe 1)

Why should we boast of Arthur and his Knights,
Knowing how many Men have performed Fights?
Or why should we speak of Sir Lancelot du Lake,
Or Sir Tristrem du Leon, that fought for Ladies Sake?
Read in old Stories, and there you shall see,
How St. George, he made the Dragon flee.
St. George he was for England, St. Dennis was for France;
Sing Honi soit qui mal y pense.

King Edward and Jane Shore:
(Strophe 1)

Why should we boast of Lains and his Knights?
Knowing such Champions entrapt by Worish Lights?
Or why should we speak of Thais's curled Locks,
Or Rhodope that gave so many Men the P—x?
Read in old Stories and there you will find,
How Jane Shore, Jane Shore, she pleas'd King Edward's Mind,
Jane Shore she was for England, Queen Fredrick was for France,
Sing Honi soit qui mal y pense.

Im Vorwort zu dieser Ballade steht die Bemerkung: „The following Song is a Burlesque upon Jane Shore, but rather seems written by a Wag than an Enemy to her memory.“ Zuerst sei der Herausgeber gesonnen gewesen, wegen einiger schlechter Ausdrücke die Ballade beiseite zu legen; aber bald habe er das Alter und den Wert derselben erkannt. — Diese Ballade bringt im Vergleich zu den früheren nichts Neues. Wegen ihrer fast wörtlichen Anlehnung an die St. Georgsballade ist sie kaum als eine selbständige Bearbeitung aufzufassen; sie ist als Nachahmung jener berühmten Ballade entstanden.

Ich komme nun zu den dramatischen Bearbeitungen des 16. und 17. Jahrhunderts. Diese drängen sich auffallender Weise auf zwei Dezennien zusammen. Es sind die folgenden (vgl. chronologische Reihenfolge S. 3):

1. An Interlude Intitled the Tragedy of Richard III. von Th. Legge (1594).
2. The True Tragedy of Richard III. Verfasser unbekannt (1594).

3. Richard III. von W. Shakespeare (1594).
4. Life and Death of Master Shore (1599).
5. The Booke of Shoare. Verfasser und Jahr unbekannt.
6. Edward IV. von Th. Heywood (1600).
7. Jane Shore von Chettle, Day und anderen (1602).

Von diesen sieben Dramen wird uns nur Heywoods Eduard IV. längere Zeit beschäftigen. In den übrigen Stücken — soweit sie mir bekannt sind (vgl. S. 3) — spielt Johannas Schicksal eine mehr oder weniger bedeutende Rolle. Ich spreche die Dramen einzeln durch, indem ich mich an die chronologische Reihenfolge halte; nur werde ich Nr. 5 und 7 zusammen behandeln, da beide anscheinend mit einander identisch sind.

1. An Interlude Intitled the Tragedy of Richard III. (von Thomas Legge (?). 1594). — In Stationers' Registers[1]) findet sich folgender Eintrag für Thomas Creede unter dem 19. Juni 1594:

„Thomas Creede. Entred for his copie under master warden Cawoodes hand an interlude, intitled the tragedie of Richard the Third, wherein is shown the deathe of Edward the Fourthe, with the smotheringe of the two princes in the Tower, with the lamentable ende of Shore's wife, and the contention of the 2 houses of Lancaster and York"[2]) Höchst wahrscheinlich ist dieses „interlude, intitled the tragedie of Richard the Third" identisch mit dem folgenden Drama:

2. The True Tragedy of Richard III. Nur der Kopf des Titels ist hier anders, und hinter Shore's wife steht der Zusatz: an example for all wicked women; es schließt mit der Angabe der Aufführung: As it was playd by the Queenes Maiesties Players.

Das Drama wurde für die Shakespeare-Gesellschaft im Jahre 1844 zusammen mit dem lateinisch geschriebenen „Richardus Tertius" (von Dr. Thomas Legge) von Barron Field herausgegeben[3]).

---

[1]) St. R. II, S. 309 b.

[2]) vgl. Edmund Malone, London 1821, The Plays and Poems of William Shakespeare vol. XIX, S. 4. Shakespeares Quelle kann es nicht gewesen sein, da dieser nicht die Geschichte von Shores Frau behandelt.

[3]) The True Tragedy of Richard the Third; to which is appended the Latin Play of Richardus Tertius, by Dr. Thomas Legge. Both anterior to Shakespeares Drama. With an Introduction and Notes by Barron Field, Esq. London: Printed for the

Über die hohe Bedeutung dieses Stückes für die Entwickelung des englischen historischen Dramas vgl. Churchill S. 398[1]). Hinsichtlich der literarischen Form zeigt es die Eigentümlichkeit, daß es teils in Versen, teils in Prosa geschrieben ist, ohne daß ein Grund für diesen Wechsel vorhanden wäre. Von dem Inhalt interessiert uns hier nur die erste Hälfte, in der Johanna auftritt. Die Einleitung zu dem Stück bildet eine Szene zwischen Truth und Poetry. Im nächsten Auftritt erscheint König Eduard IV. mit Umgebung. Nachdem er seinem Bruder Richard seine Kinder und sein Reich anvertraut hat, stirbt er. (S. 1—8). — Johanna tritt auf mit ihrem Kammermädchen Hursly. Sie befindet sich in Glück und Wohlstand; aber sie ist sich der Vergänglichkeit desselben wohl bewußt. Sie weiß schon von Eduards Krankheit. Als der Diener Hastings' ihr den Tod des Königs meldet, nimmt sie sich vor, von nun an tugendhaft zu sein. Sie ahnt Unheil, als sie erfährt, daß Gloster Protektor geworden ist. An Hastings hat sie einen treuen Freund und Helfer gefunden (S. 9—12). — Richard strebt nach der Krone. Der junge König kommt zu seiner Krönung mit seinen Oheimen Rivers und Grey. Richard schickt Rivers nach Pomfret; Buckingham läßt Grey festnehmen und nach Pomfret führen (S. 13—28). — Von S. 32 ab findet sich dieselbe Szene zwischen Gloster und

---

Shakespeare Society. 1844. — Über das Aufführungsdatum des letzten Stückes herrschte lange Zeit Meinungsverschiedenheit: vgl. Rostocker Diss. von Richard Dohse, Colley Cibber's Bühnenbearbeitung von Shakespeares Richard III., S. 5, 1897 und die neuesten eingehenden Untersuchungen von Churchill, Richard the Third up to Shakespeare, Palaestra X Berlin 1900. Im Jahrbuch der deutschen Shakespeare-Gesellschaft 1898, S. 258, führt Dr. Keller das Jahr 1573 als Datum an, nach dem Caius College Ms., dessen Entdecker er war. Auch Brandl (ebenda S. 222) nimmt dieses Jahr als richtig an.

Die Übereinstimmung des Titels vom „Interlude" mit der „True Tragedy" fand zuerst Collier (in seiner Shakespeare-Ausgabe, 1844 bis 1853, V, S. 342 ff.) Auf einer vollständig erhaltenen Kopie, welche sich im Besitz des Herzogs von Devonshire befund, entdeckte er den heute allgemein angenommenen Titel: „The True Tragedy of Richard the Third; Wherein etc. London Printed by Thomas Creede, and are to be solde by William Barley, at his shop in Newgate Market, neare Christ doore. 1594. 4°."

Die „True Tragedy" wurde mit Fields Einleitung von Hazlitt in Part. II vol. 1 seiner Ausgabe von Shakespeares Library, 1875 abgedruckt.

[1]) Desgleichen über die Quellen S. 404 ff.

Hastings (verwelkter Arm — Zauberei der Königin und Johanna Shores) wie bei Thomas More[1]). Hier erscheint Johanna als Hastings Maitresse: (S. 33)

Richard. — Laie not Shores wife with thee last night?
Hastings. — That she was in my hause my Lord I cannot deny.

Nachdem Hastings abgeführt ist, läßt Gloucester sofort die Strafe an Johanna vollziehen. Durch seinen Pagen läßt er dem Bischof von London seine Befehle übermitteln (S. 35).

Nun tritt Johanna ein und beklagt ihr Unglück. Das Urteil des Protektors ist schon an ihr vollstreckt. Den Diener Hastings', Lodowicke, bittet sie vergeblich um Nahrungsmittel; ebenso zwei andere Bürger. Sie hat jetzt alle ihre früheren Freunde verloren; diese fürchten, die strenge Proklamation des Königs zu übertreten. Dem Pagen gegenüber äußert Johanna ihre Reue über ihre früheren Sünden.

Die wenigen Szenen, in denen hier Johanna erscheint, haben die „Legend of Shore's Wife“ im Mirrour for Magistrates zur Quelle gehabt. Dies zeigt zunächst die Art und Weise der Bestrafung Johannas. Die „open penance in procession“ wird auch hier nur kurz erwähnt; wir sehen Johanna nicht auf ihrem Bußgange. Das Hauptgewicht liegt hier auf ihrem Betteln in den Straßen und auf ihrem vergeblichen Hilfeflehen gegen diejenigen, welche sie unterstützt hat. Bei More erscheint ihr Betteln nicht in Verbindung mit der Konfiszierung ihrer Güter; hier wird ihre Not erst in ihrem späteren Leben geschildert. Eine andere Ähnlichkeit findet sich in der ersten Rede Johannas. Wie die Ballade mit Reflexionen über das Glück beginnt, so gelten auch in unserem Drama Johannas erste Worte der Vergänglichkeit des Glückes (vgl. ihre Worte auf S. 9 und 10 im Drama). — Eine weitere Übereinstimmung besteht darin, daß nach dem Tode Eduards Gloster sofort als Protektor genannt wird. — An mehreren Stellen zeigt sich Ähnlichkeit im Ausdruck; ich verweise deswegen auf die von Churchill S. 412 und 413 angeführten Beispiele.

Die Bedeutung des Dramas als eine Bearbeitung unseres Stoffes ist nur gering. Das Auftreten Johannas

[1]) Hart a. a. O. S. 221—238 druckt diese Szene ab und stellt sie neben die von More, Shakespeare und Rowe.

ist nur eine Episode in der Haupthandlung, für deren Fortgang sie ohne Wichtigkeit ist.

3. Richard III. von William Shakespeare. ca. 1594.[1])

Shakespeare hat Johannas Geschichte nicht bearbeitet. Nur ihr Name wird an einigen Stellen erwähnt; sie tritt nirgends auf.[2]) Richard III. ist deshalb von hoher Wichtigkeit, weil Rowe ihn als Quelle für sein Drama benutzte. Hart, S. XXII, bemerkt hierzu: „In this play most of the characters in Rowe's Jane Shore appear, and in the main fill the same function, — Gloucester, Hastings, the Duke of Buckingham, Radcliffe, Catesby, and the Bishop of Ely. Shakespeare has Hastings, who has been imprisoned through the Queen's enmity, released on the solicitation of Jane Shore. After showing Hastings' determination to stand by the princes, Shakespeare presents the Council scene in which Gloucester denounces Hastings as a traitor and talks of witchcraft; point by point Rowe corresponds in his treatment of the same moment. ... Since Shakespeare's play is subordinated to Richard as the centre, it is natural that Jane Shore herself should figure in it quite incidentally. The Hastings scenes, on the contrary, are fuller than in Rowe, and have emphasis on the irony of Hastings' fancied security and real peril, on his political relation rather than on the story of his affection."

---

[1]) Der genaue Titel lautet: The Tragedy of King Richard the Third. Über die Datierung des Dramas vgl.: Oechelhäuser a. a. O. S. 49 und 50, Anm. 2.: „Eine erste Quartausgabe erschien 1597 im Druck, welcher (wie die Cambridge Edition nachweist) bis 1634 noch sieben andere folgten, ein Beweis der großen Popularität des Stückes. — Bezüglich der Zeit der Abfassung und ersten Aufführung schwanken die Kritiker zwischen den Jahren 1593 und 1597. Ich möchte mich schon um deswillen für die früheste Jahreszahl entscheiden, weil die beiden letzten Teile Heinrichs VI. in ihrer ursprünglichen Fassung schon 1590 und 1591 aufgeführt worden sind und Shakespeare sich gewiß beeilt haben wird, denselben den unentbehrlichen Schluß hinzuzufügen, auf welchen sie, wie gezeigt, ganz speziell angelegt worden sind, so daß ihr voller Bühnenerfolg erst rückwärts von dem Erfolg Richards III. erwartet werden durfte."

[2]) Von den vielen sonstigen Bearbeitungen Richards III., von denen die meisten Umarbeitungen oder Nachahmungen von Shakespeares Drama sind, kommt für diese Arbeit keine in Betracht. Auch Christian Felix Weißes Richard III. erwähnt nichts von Johanna Shore, obwohl hier der Charakter Richards ganz anders wie bei Shakespeare erscheint.

Über das Abhängigkeitsverhältnis Rowes zu Shakespeare siehe meine Untersuchungen auf S. 68 ff.

4. Life and Death of Master Shore 1599. — Es ist unter dem 28. August 1599 in das Stationers Register[1]) eingetragen. Ich glaube, es ist nur versehentlich als ein besonderes Stück im D. N. B.[2]) aufgeführt. Schon aus dem vollen Titel, wie er in dem Stationers' Register erscheint, nämlich: „Entred for their copyes under the handes of the Wardens: Twoo playes beinge the first and Second parte of Edward the IVth and the Tanner of Tamworth. With the history of the life and deathe of master Shore and Jane Shore his Wyfe as yt was lately acted by the Right honourable the E[a]rle of Derbye his servantes" geht nervor, daß dieses Stück mit Heywoods Eduard IV. identisch ist. Derselben Meinung ist Barron Field[3]): „This play appears to be the second part of Heywood's 'Edward the Fourth'."

5. The Booke of Shoare. Verfasser und Jahr unbekannt.

In Henslowe's Diary[4]), S. 214, steht die Eintragung: „The Booke of Shoare, now newly to be written for the Earle of Worcesters players at the Rose, of Mr. Hinchloes. XL^{s}. I say received."

Hierzu bemerkt der Herausgeber Collier in Anm. 2: „This undated and unsigned entry gives us information on two or three points. In the first place, it is in the handwriting of Chettle, who had 'newly written' a play on the story of Jane Shore."

Ferner S. 251: „Lent at the apoyntment of Thomas hewod and John Duke, unto ‚harry Chettell and John Daye, in carneste of a playe wherein Shores wiffe (s. Anm. 2) is writen, the some of XXXX^{s} (Anm. 2 des Herausgebers: Malone calls this play 'Jane Shore' whereas it was ouly a play in which Shores wife was a character. Shore's wife is introduced into Heywood's 'Edward IV.', 1600, and this piece by Chettle and Day was no doubt on

---

1) III, S. 52.

2) Dictionary of National Biography, vol. LII, S. 148 unter Jane Shore.

3) Thomas Heywood's Edward IV. ed. by the Shak. Soc. Papers. 1842. London. With an introduction and notes by Barron Field, Esq. Introduction, Seite VI.

4) The Diary of Philip Henslowe ed. J. P(ayne) C(ollier). Shak. Soc. Papers. 1845.

the same portion of history: 'Edward IV.', a play in 2 parts, has been reprinted by the Shak. Soc.) — Wir kommen hiermit zu dem Resultat, daß Nr. 5 identisch ist mit

7. Jane Shore von Chettle, Day und anderen. 1602.

Dieses Stück ist uns leider nicht erhalten, es ist vielleicht auch nie gedruckt worden. Die Existenz desselben steht zweifellos fest. So schreibt Fleay[1]) unter Day Nr. 22: „1603. May 9. A Play 'wherein Shore's wife is written' (with Chettle)" und S. 71 unter Henry Chettle Nr. 49: „1603. May 9. A play 'wherein is Shore's wife' (with Day)." Ferner Genest[2]): „Chettle wrote a play on the story of Jane Shore — it was acted in 1602, but is now lost." Auch die Biographia Dramatica[3]) bemerkt, daß das Stück nicht gedruckt wurde.

Noch an mehreren anderen Stellen in den großen Literaturgeschichten finden sich Angaben über dieses Drama. So schreibt Collier[4]): „The Jane Shore assigned to Chettle and Day in Jan. 1601—2, was only a revival of an older play as Henslowe then gave forty shillings to those poets, in order that 'the booke of Shoare' might be 'now newly written for the Earl of Worcester's players.'"

Allibone[5]) erwähnt bei Chettle, er sei beteiligt gewesen an der Abfassung von „38 plays, only four of which have been printed." Dieselbe Zahl gibt das D. N. B[5]) an: „From an undated entry (in Henslowe's Diary) we learn that Chettle received forty shillings to his own use 'in earnest of the Booke of Shoare.' Only four out of these thirty-six plays found their way into print."

Ward[6]) bemerkt hierzu: A play entitled Jane Shore by Chettle and Day was acted at the Rose in 1602; it is either to this play or to his own that Heywood refers in The Apology for Actors[7]). (Er erzählt hier die Geschichte einer Frau, die während einer Vorstellung schmerz-

---

1) Chronicle of the English Drama 1559—1642 by F. G. Fleay I, S. 108 und S. 71.

2) Some Account of the E. Stage. London 1832. vol. IX, S. 452.

3) vol. I, S. 113.

4) History of English Dramatic Poetry. London 1832. vol. III, Seite 91.

5) vol. X, 209.

6) a. a. O. 2. Aufl. 1899. II, S. 558.

7) London 1612, Bk. III, S. 59.

voll „Oh my husband!“ ausrief und ohnmächtig in ihr Haus gebracht wurde; hier wurde sie bald darauf tot aufgefunden. Sie hatte ihrem Leben dadurch ein Ende gemacht, daß sie ihr Gehirn mit einem Nagel durchbohrt hatte.)

Es ist bemerkenswert, daß Langbaine[1]) dies Stück überhaupt nicht anführt. Während er Chettle gar nicht erwähnt, schreibt er S. 118 von John Day: „He has written Six Plays, if his Parliament of Bees may pass under that Species“, nämlich: „Blind Beggar, Humour out . . ., Isle of Gulls, Law Tricks, Parliament of Bees, Travels of the three English Brothers.“

Auch Friedrich Bodenstedt[2]) rechnet 'Lady Jane' zu den verloren gegangenen Stücken: „Die älteste Nachricht über Webster[3]) finden wir in den Registern von Henslowe, wo er in dem Verzeichnis folgender Stücke als Mitarbeiter angeführt wird:

May 1602. Two Harpies.

Nov. 1602. Lady Jane, by Henry Chettle, Thomas Dekker, Thomas Heywood, Wentworth Smith, and John Webster.

The Second Part of Lady Jane, by Thomas Heyword, John Webster, Henry Chettle, and Thomas Dekker.

(Malone's Shakespeare [by Boswell] vol. III, p. 327).

Sowohl die Two Harpies wie Lady Jane gehören zu den verloren gegangenen Stücken.“ —

Aus den angeführten Zitaten komme ich zu dem Ergebnis, daß sich die Eintragung in Henslowes Diary auf ein Stück von Chettle, Day und anderen bezieht, welches

---

[1]) An Account of the English Dramatick Poets. By Gerard Langbaine. Oxford 1691, S. 118.

[2]) Shakespeares Zeitgenossen und ihre Werke. 3 Bände. Berlin 1858. Bd. I, S. 4.

[3]) Über John Webster vgl. die ausführliche Arbeit: „J. Webster. The Periods of his Work as Determined by his Relatious to the Drama of his Day by Elmer Edgar Stoll. Printed by Alfred Mudge & Son. Boston, Massachusetts. 1905“ und die Einleitung zu „The Works of John Webster by Alex. Dyce. London 1857“. Aus beiden (nämlich Stoll S. 13 ff und S. 43 ff, Dyce S. XIII) geht hervor, daß mit „Lady Jane“ nicht Lady Jane Shore, sondern Lady Jane Dudley gemeint ist. So schreibt Dyce S. XIII: „which Drama (sc. Lady Jane) embraces the story of Suffolk's unfortunate daughter from her forced accession to her death“.

im Januar 1601—1602 geschrieben und am 9. Mai 1603 im Rose Theatre aufgeführt wurde. Es ist verloren gegangen; vielleicht ist es niemals gedruckt worden.[1])

6. Thomas Heywood, King Edward the Fourth. 1600.[2]) Eine genaue Abhandlung über Heywood befindet sich in Dodsley's Old Plays, London 1825, vol. VII, pag. 217, worauf ich hiermit verweise. Über Eduard IV. urteilt die Retrospective Review[3]) in vollkommen richtiger Weise: „The play of 'Edward the Fourth' is a long and tedious business. There are one or two touching parts in those scenes in which Jane Shore is introduced . . . With the exception of those parts, the play is mere chronicle without poetry or dramatic situation. The character of M. Shore, however, is not bad, and there is, in the midst of the misery and disaster with which the play abounds, a spirit of kindness and humanity which obtains our good will, notwithstanding we find so little to excite our feelings. The author has made Richard III. a very vulgar villain."

Wegen des großen Umfanges dieses Dramas gebe ich nicht den ganzen Inhalt desselben wieder, sondern erzähle nur die Erlebnisse der beiden Shores und deute die übrigen

---

[1]) Es hat sich auf keiner deutschen Bibliothek nachweisen lassen, auf dem British Museum in London ist es auch nicht vorhanden.

[2]) Der genaue Titel lautet: The First and Second parts of King Edward the Fourth Containing His merie pastime with the Tanner of Tamworth, as also his love to faire Mistrisse Shore, her great promotion, fall and miserie, and lastly the lamentable death of both her and her husband. Likewise . . . As it hath diuers times beene publikely played by the Right Honourable the Earle of Derbie his seruants. Imprinted at London by F. K. for Humfrey Lownes and John Oxenbridge. 1600. — Ich habe die Ausgaben: The Dramatic Works of Thomas Heywood Now First Collected . . . In Six Volumes London 1874 (hier abgedruckt in Bd. I, p. 1—187) und Thomas Heywood's Edward the Fourth ed. by The Shak. Soc. Papers. 1842 London. With an introduktion and notes by Barron Field benutzt.

Das Jahr der Abfassung, resp. der Veröffentlichung des Dramas steht nicht fest. Gerard Langbaine schreibt in An Account of The English Dramatick Poets Oxford 1691, p. 262: Edward the Fourth 16—. M. Rapp a. a. O. sagt p. 124: Edward IV. von Th. Heywood ist später gedruckt als Shakespeares Heinrich VI., Teil C und Richard III. Aber H. wird kaum Richard III. gekannt haben.

[3]) London 1825 vol. XI, p. 126.

Ereignisse nur so weit an, als sie zum Verständnis der ganzen Handlung nötig sind.

London wird von dem Bastard Falconbridge belagert; der Lord Mayor und seine Bürger, darunter besonders Shore, verteidigen die Stadt tapfer. Als der König ihn nach Aufhebung der Belagerung zum Ritter schlagen will, weist Shore die Ehre zurück, weil er sich nicht würdig genug dazu glaubt. — Später tritt der König verkleidet in den Juwelierladen Shore's ein, findet dort seine Frau und bittet sie um ihren besten Edelstein — ihr Herz. Sie weist ihn jedoch zurück. Da sie schwerlich auf die Dauer den Wünschen des Königs widerstehen kann, fragt sie ihre Freundin Mrs. Blague[1]) um Rat, was sie tun solle. Diese antwortet in vorsichtiger Weise; sie rät Johanna nicht direkt zum Ehebruch, aber einen König könne man schlecht abweisen. Als der König eintritt und sie wieder um ihre Liebe bittet, antwortet sie schließlich, nachdem er ihr versprochen hat, für sie und die Ihrigen zu sorgen:

If ye inforce me, I have nought to say
But wish I had not lived to see this day.

Also nur gezwungen willigt sie ein, des Königs Geliebte zu werden.

Ein Knabe meldet dann Shore, daß Johanna in einer geschlossenen Equipage von einem als Ritter verkleideten Mann abgeholt worden sei. Als Shore die Untreue seiner Gattin erkennt, beschließt er abzureisen. In der nächsten Szene läßt er seine Koffer an Bord eines Schiffes bringen, als Johanna in königlichen Kleidern sich nähert. Shore bricht bei ihrem Anblick in Klagen aus: For now she is King Edward's concubine. Johanna hat für einen Mann namens Ayre, dessen Sohn zu einer Gefängnisstrafe verurteilt war, bei dem König ein gutes Wort eingelegt und bringt ihm die Begnadigungsurkunde. Als sie näher kommt, erkennt sie ihren Gatten und bittet ihn, ihr zu verzeihen. Aber Shore will nicht zum Diebe an seinem König werden. Sie bietet ihm Reichtümer an, sie will ihm folgen als seine Sklavin; aber Shore weist sie zurück und verläßt sie mit Worten des Kummers.

---

[1]) Ihr Name wird bei Heywood meistens Blage (ohne u), in der Ballade von 1603 Blague (mit u) geschrieben. vgl. Hart a. a. O., p. 216 unter Alicia.

The Second Part of King Edward the Fourth.[1])

Der Chor, welcher zu Beginn des 2. Abschnittes dieses Teiles die Rückkehr Eduards meldet, teilt auch mit, daß Matthew Shore zurückgekommen sei. Er sei unglücklich wie sein unglückliches Weib Johanna. Diese tut überall Gutes; besonders an den Gefangenen, so hier wieder im Marshalsea-Gefängnis. Aber auch hierin findet sie keine Erleichterung; nichts kann ihr verfehltes Leben wieder gut machen. Sie weigert sich dann anfangs, den Marquis Dorset zu seiner Mutter, der Königin, zu begleiten. Als sie vor diese geführt wird, wird sie von ihr als Maitresse verhöhnt. Sie hat den Neid und die Eifersucht der Königin erregt, indem sie die Sinne des Königs gefangen hält. Die gereizte Königin dringt mit einem Messer auf Johanna ein. Die schöne Rosamund, die Geliebte König Heinrichs II., habe nur ein Bett, dasjenige der Königin, befleckt, Johanna jedoch zwei, ihr Bett wie das ihres Mannes. Aber bevor die Königin das Messer gegen Johanna braucht, besinnt sie sich plötzlich eines anderen, wirft dasselbe fort und bittet Johanna knieend um Verzeihung. Diese vergibt ihr, und die beiden Frauen, welche zuerst Todfeindinnen waren, werden jetzt Freundinnen. — Der König tritt zornig ein und ergreift für Johanna Partei. Die beiden Frauen bitten ihn jede, die andere zu lieben. Beide legen für einen Gefangenen, Stranguidge, Fürbitte bei dem König ein.

Shore, unter dem Namen Flud, gelangt mit Hilfe einer Leiter in das Marshalseagefängnis, um Stranguidge zu befreien. Da kommt Johanna mit dem Begnadigungsschreiben. Ein Bote ruft sie zu dem erkrankten König. — Sodann erfahren wir durch Lord Louell und Catesby, daß Clarence in einem Malvesierfasse im Tower ertränkt und Gloster zum Protektor des Reiches ernannt sei. — Johanna kommt weinend; Gloster hat ihr gesagt, daß jetzt kein Platz mehr für sie am Hofe sei. Sie läßt ihre Koffer zu Mistres Blagues bringen, die in einem Wirtshaus, Flower-de-luce, in der Lombard Straße wohnt. Johanna wird freundlich von ihr aufgenommen. Sie gibt ihr ihre Juwelen und Schätze im Werte von 20000 Pfund.

---

[1]) Containing his iourney into France . . . Likewise the prosecution of the historie of Mr. Shoare and his faire wife. Concluding with the lamentable death of them both.

Mrs. Blage läßt den am Arme verwundeten Floud (oder Shore) in ihr Zimmer tragen, und Johanna verbindet ihn geschickt wie ein Arzt. Als Shore wieder zum Bewußtsein kommt, klagt er, daß sie ihn wieder zum Leben erweckt hätten; er habe so schön geträumt. Er erkennt Johanna nicht. Brackenbury meldet dann den Urteilsspruch Glosters gegen Johanna; niemand soll sie beherbergen oder ihr Nahrung geben. Nun will Mrs. Blage sie nicht mehr in ihrem Hause dulden; auch die Edelsteine will sie nicht herausgeben. Shore hat Mitleid mit Johanna und beklagt sie. Zwei Polizeidiener verhaften sie und führen sie zum Bischof. Den Weg von Templebarre bis Algate muß sie barfuß in einem weißen Hemde mit einer Kerze in der Hand zurücklegen. Als sie in Algate ankommen, verlassen die beiden Diener sie. Johanna klagt nun über ihr trauriges Schicksal. Brackenbury, welcher ein Verwandter des durch Johanna in Freiheit gesetzten Stranguidge ist, bringt ihr einige Lebensmittel. Auch der junge Aire kommt zu ihrer Hilfe herbei. Während er ihr seine Börse hinwirft, gibt er der bald darauf eintretenden Mrs. Blages nicht einen Pfennig, da sie ihre Freundin verraten habe. Johanna verzeiht der Frau, die jetzt ebenso unglücklich wie sie selber ist, da sie all ihr Gut und die der Freundin entwendeten Juwelen verloren hat. — Endlich kommt auch Shore; er wird von Johanna nicht erkannt. Zwei andere Männer, Jockie und Jeffrey, bringen Johanna gleichfalls Lebensmittel. Als Aire Johanna wieder Geld gibt, wird er von zwei Offizieren festgenommen, welche soeben das Urteil Glosters verkündet haben. Johanna schmerzt es, daß sie von allen bemitleidet wird.

Jetzt treten der König Richard und sein Gefolge ein. Sie führen Shore und Aire gebunden mit sich. Nachdem Aire seine Hilfeleistungen gegen Johanna eingestanden hat, wird er hinausgeführt. Als der König Shore fragt, ob er Matthew Floud heiße, bestätigt er es. Er gibt auch zu, Johanna unterstützt zu haben. Dann nennt er seinen wahren Namen und erreicht hierdurch seine und Johannas Begnadigung, nachdem er seinem Weibe verziehen hat. Während er als Gemahl der Johanna straflos bleibt, wird Aire mit dem Tode bestraft. Shore bittet den Sheriff, ihm zu erlauben, nach der Hinrichtung Aire zu begraben. Diese Bitte wird ihm gewährt.

Dann gibt er sich Johanna zu erkennen. Diese wird ohnmächtig und sinkt in die Arme ihres Mannes. Sie bittet ihn um Verzeihung, und er vergibt ihr. Darauf legen sie die Leiche des jungen Aire in einen Sarg und setzen sich jeder an einem Ende desselben nieder. Johanna fühlt ihre Kräfte schwinden; sie stirbt mit den Worten:

Oh, dying marriage! oh swent married death
Thou grave, which only shouldst part faithful friends,
Bringst us togither, and dost joine our hands,
Oh liuing death! euen in this dying life,
Yet, ere I go, once, Matthew kiss thy wife.

Nachdem Shore ihre Lippen geküßt hat, nimmt auch er Abschied von der Welt und stirbt. So werden sie von Sir Robert Brackenbury gefunden, welcher sie begraben läßt. In der letzten Szene tritt Richard als König gekrönt auf. Von Catesby erfährt er, daß Shore und seine Frau und auch Mrs. Blage tot sind. — Auf Befehl König Richards wird auch diese bestattet; er hat jetzt allen vergeben.

Die Verführungsgeschichte durch den König ist hier ähnlich wie in Draytons Episteln geschildert. Diese waren wohl die Quelle für Heywood.

B. Johanna Shore im 18. Jahrhundert.

Für diese Periode kommt in der Hauptsache nur ein Drama, welches aber die wichtigste poetische Bearbeitung unseres Gegenstandes ist, in Betracht. Es ist Nicholas Rowes „Jane Shore“[1]). Wegen der Ausgaben

[1]) Der genaue Titel lautet: The Tragedy of Jane Shore. Written in Imitation of Shakespear's Style. By N. Rowe, Esq. London. Printed for Bernard Lintott, at the Cross-Keys, between the Two Temple-Gates, in Fleet-street.

Das Drama ist vor kurzem, zusammen mit The Fair Penitent, von Sophie Chantal Hart, M. A. herausgegeben worden unter dem Titel „The Fair Penitent and Jane Shore. By Nicholas Rowe, Boston, U. S. A., and London. D. C. Heath and Co.; Publishers. 1907. — Meine Arbeit war ursprünglich eine Quellenuntersuchung dieses Roweschen Dramas gewesen. Währ nd meiner Ausarbeitung erschien die Ausgabe von Professor Hart. Seine Ausführungen in der Einleitung (Biography S. V—VII und Introduction S. IX—LI) zeigten im wesentlichen dieselben Resultate, welche meine ausführlichen Untersuchungen ergeben hatten. (Nur scheint Prof. Hart

des Dramas verweise ich auf Hart, S. 250—253. — „Jane Shore“ gehört zu den letzten Dramen Nicholas Rowes[1]). Ich rechne es zur dritten und letzten Periode seines dichterischen Schaffens, indem ich folgende Einteilung treffe:

Die erste Periode, vom Jahre 1700 bis 1708, enthält die Tragödien: „The Ambitious Stepmother“ (1700), „Tamerlane“ (1702), „The Fair Penitent“ (1703), „The Royal Convert“ (1708), und die Komödie „The Biter“ (1705).

In der zweiten Periode, die vom Jahre 1708 bis 1714 reicht, ruht die dramatische Tätigkeit des Dichters, und an ihre Stelle tritt die Kritik. Rowe veranstaltet in den Jahren 1709 und 1710 eine kritische Ausgabe von Shakespeares Dramen. Dies ist sein verdienstvollstes Werk. Wir werden später sehen, welchen Einfluß die Beschäftigung mit dem größten aller Dramatiker auf seine eigene dichterische Tätigkeit ausgeübt hat.

Die dritte Periode (1714—1718), enthält die beiden reifsten Werke des Dichters, Jane Shore (1714) und Lady Jane Grey (1715), ferner eine Ode auf das neue Jahr 1716 und eine englische Übersetzung von Lucans Pharsalia. Zu Beginn dieser Periode erhielt Rowe die Würde eines Poeta laurentus, die ihm 1714 bei der Thronbesteigung Georgs I. verliehen wurde.

---

von dem auf S. 29—30 besprochenen Gedicht „Beautie Dishonoured“ von Anthony Chute keine Kenntnis zu haben, da er es nirgends erwähnt.) Infolgedessen wurde ich genötigt, mein ursprüngliches Thema, welches sich auf Rowes Drama beschränkte, zu ändern; ich erweiterte es dahin, daß ich nun alle poetischen Bearbeitungen der Johanna Shore untersuchte. Für den hieraus entsprungenen Mehraufwand von Zeit und Arbeit finde ich darin einigen Ersatz, daß die vorliegenden Untersuchungen, wie ich hoffe, interessanter und für die englische und französische Literaturgeschichte von größerer Bedeutung geworden sind. Wegen der Wichtigkeit des Roweschen Dramas unter den poetischen Bearbeitungen in der englischen Literatur gehe ich auf dasselbe genauer ein und ergänze Harts Untersuchungen.

[1]) Über Rowe vgl. folgende Arbeiten: N. Rowe als Dramatiker. Königsberger Diss. von Alfred Behrend. Leipzig 1907. — N. Rowe, The Fair Penitent. By Ferdinand H. Schwarz, Ph. D. Berne 1907. — Gilde, Die dramatische Behandlung der Rückkehr des Odysseus. Koenigsberger Diss. 1903. — Hart a. a. O. — W. Ward a. a. O. — Wülker, a. a. O., II[2], S. 12—13. — Hettner I (1894[5]), S. 233ff. — Die Firma Lintot zahlte Rowe für Jane Shore, 12. Dezember 1713, £ 50 s. 15. (vgl. John Nichols, Lit. Anecdotes of the XVIII. Century vol. 8. London 1814, p. 301.)

Theateraufführungen.

Das Drama wurde zum erstenmal am 2. Februar 1714 im Kgl. Theater von Drury Lane in London aufgeführt. Genest[1]) gibt über diese Aufführung folgende interessante Einzelheiten: 'Great expectations seem to have been formed of this play before its appearance — it was announced for publication in the Daily Courant, Jan. 31st — and in the following paper, Tickets were advertised for sale at the principal Coffee-houses for the 3d and 6th nights of representation, on which nights the boxes and pit were laid together, and the Tickets were 10 s. and 6 d. each.'

Das Drama hatte guten Erfolg und wurde an neunzehn Abenden hintereinander wiederholt. Die Titelrolle spielte die berühmteste Schauspielerin jener Zeit, Mrs. Oldfield. Ihrem Talente wird man zum großen Teil die außerordentliche Wirkung, welche das Stück damals ausübte, zuschreiben müssen. In der Literaturgeschichte jedes Volkes finden sich zahlreiche Beispiele dafür, daß berühmte Schauspieler durch ihre glänzende Darstellung mittelmäßigen Stücken zum Erfolge verholfen haben. In dieser Hinsicht ist Johanna Shore im Vergleich mit Rowes übrigen Dramen besonders begünstigt gewesen. Alle berühmten Schauspieler und Schauspielerinnen des 18. und des ersten Viertels des neunzehnten Jahrhunderts haben sich in den Hauptrollen unseres Dramas versucht. Bei der Aufzählung der späteren Theateraufführungen halte ich mich im wesentlichen an die Angaben, welche Genest[2]) unter den betreffenden Theatern und Jahren zerstreut aufgenommen hat. Im ganzen werden 21 Aufführungen erwähnt, von denen ich die wichtigsten zitiere[3]):

C.G. Jan. 25. 1735. acted four times.

D.L. March 3. 1743. Hastings = Garrick 1st time. Jane Shore = Mrs. Pritchard. We have no account of Garrick's performance in Hastings.

C.G. Jan. 2. 1747. Hastings = Garrick. The scale was now completely turned in favour of Garrick, the character of Hastings being visibly superior of that of Gloster. acted nine times.

D.L. Jan. 2. 1748. Hastings = Garrick. acted seven times.

C.G. Nov. 1. 1750. acted two times.

---

[1]) II, p. 524. [2]) vol. III ff.

[3]) Indem ich mich Genest anschließe, gebrauche ich folgende Abkürzungen: C.G. = Convent Garden Theatre, D.L. = Drury Lane Th.

D.L. March 21. 1757. Hastings = Garrick; J. Shore = Mrs. Pritchard; Alicia = Mrs. Cibber.
D.L. Nov. 6. 1773. Hastings = Garrick. acted six times.
D.L. Nov. 1. 1774. Hastings = Mr. Smith; J. Shore = Mrs. Yates.
C.G. Feb: 10. 1778. At the particular desire of several persons of destinction. J. Shore = Mrs. Yates.
D.L. Nov. 8. 1782. Hastings = Smith, J. Shore = Mrs. Siddons, 1st time. — in act 1st Mrs. Siddon's chief point was when she said 'at Antwerp' — in act 2[d] the latter part of her scene with Hastings was great — in act 4th the interview with Gloster was in her best manner — in act 5th she was uniformly great — her countenance when she knocked at the door — when she saw her husband, and when she said 'forgive me' was expressive to the last degree.
D.L. May 7. 1787. Jane Shore = Mrs. Ward; Alicia (1st time and for that night only) = Mrs. Siddons.
C.G. Jan. 11. 1804. Hastings = Kemble, Jane = Mrs. Siddons; Alicia = Mrs. Litchfield.
C.G. Oct. 16. 1805. Hastings = C. Kemble, 1st time; Gloster = Kemble, 1st time; J. Shore = Mrs. Siddons, Alicia = Mrs. Litchfield.
Bath. Feb. 4. 1808. Mrs. Siddons acted Alicia by very particular desire.
D.L. Jan. 8. 1813. Not acted 9 years.
C.G. June 29. 1815. Jane = Miss O'Neill, Hastings = Young.
C.G. Nov. 9. 1818. (Dieselbe Besetzung.) acted 14 times.
D.L. Dec. 14. 1821. Hastings = Kean, 1st time and for that night only; Jane = Mrs. Lady, 1st appearance; Alicia = Mrs. Egerton.

Dies ist die letzte Angabe, die sich bei Genest findet. Später wurde Johanna Shore von englischen Schauspielern am Théâtre anglais in Paris gespielt[1]).

Von einigen der erwähnten Aufführungen besitzen wir Berichte oder Rezensionen. Besonders genau sind die Angaben über das Spiel der weiblichen Rollen, auf welche Rowe besonderes Gewicht legte. Über die Aufführungen der Mrs. Siddons, der berühmten englischen Tragödin, sind uns 3 wichtige Aufsätze erhalten:

---

[1]) Vergl. die Theaterberichte unter Théâtre anglais in der Zs. Le Globe; besonders folgende 2 Rezensionen: 1827 (16. Oktober), Nr. 84; (20. Oktober) Nr. 86.

James Boaden[1]) gibt über ihre Darstellung der Alicia im Drury Lane Theater am 7. Mai 1785 folgenden Bericht: 'I saw her Alicia, it has passed away like a turbid dream, leaving a pain upon the recollection, not sufficiently defined for expression.' Einen zweiten Bericht haben wir von einem anderen Augenzeugen, Sir James Mackintosh, in der Zeitschr. Gentleman's Mag.[2]), einen dritten in Blockwood's Edinburgh Mag.[3]) von Thomas Campbell[4]). Johanna zählte zu den bedeutendsten und beliebtesten Rollen der Mrs. Siddons. So spielte sie diese Rolle vom 10. Oktober 1782 bis zum 5. Juni 1783 nicht weniger als vierzehn Mal am Drury Lane Theater[5]).

Inhaltsangabe des Dramas.

Dem Drama geht ein lateinisches Motto voran, das Rowe aus Vergil nahm: — Conjux ubi pristinus illi Respondet Curis (Aeneas VI, 473—74). Dann folgt eine Widmung an den Herzog von Queensbury. Im Anfang des 18 Jahrhunderts war es bei den Dichtern üblich, ihre Stücke hochgestellten Persönlichkeiten zu widmen. Sie verfolgten hiermit einen doppelten Zweck. Indem sie ihrem Werke einen berühmten Namen voransetzten, erregten sie die Aufmerksamkeit des Publikums; und vonseiten der Personen, welchen sie die Werke widmeten, hofften sie auf Geldgeschenke oder auf Beförderungen in ihrer bürgerlichen Stellung. Rowe folgte dieser Mode, obwohl er auf Geldgeschenke nicht angewiesen war, da er Vermögen besaß[6]). Er spricht in der Widmung seine Dankbarkeit aus gegen die Familie des Herzogs von Queensbury, besonders gegen den Vater des jungen Herzogs. Vom Jahre 1708 bis 1711 stand er in dessen Diensten als Unterstaatssekretär und hatte in ihm einen leutseligen und milden Vorgesetzten. So erfüllte Rowe gleichzeitig eine Pflicht der Dankbarkeit; er zeigt auch nichts von jener Kriecherei, die uns oft in den Dedikationen entgegentritt.

---

[1]) Memoirs of J. Ph. Kemble. London 1825. I, p. 355.

[2]) London. June 1846, p. 587 ff.

[3]) XXXVI, p. 149 ff.

[4]) Auf diese Aufsätze komme ich später bei der Charakteristik der Hauptpersonen ausführlicher zu sprechen.

[5]) Sir Walter Scott war mit dieser genialen Schauspielerin befreundet.

[6]) vgl. Beljame a. a. O. S. 355, 362.

Rowe dichtete zu dem Drama einen Prolog, der vor der Aufführung von einem berühmten Schauspieler gesprochen wurde, bei der Uraufführung von Mr. Wilks, dem Darsteller Dumonts, Johannas Gatten. Diese Prologe, waren damals allgemein üblich. Sie bezogen sich meist auf den Inhalt des Stückes, machten die Zuschauer mit dem Stoff desselben bekannt oder legten den Zweck und die Absichten des Dichters klar. Unser Prolog ist von großer Wichtigkeit für die Beurteilung des Dramas, insbesondere für die Quellenforschung. Rowe weist Zeile 2 ff auf alte Balladen hin, die denselben Stoff behandeln wie das Drama:

We'll treat you with a downright English Feast,
A tale, which told long since in homely wise
Hath never fail'd of melting gentle eyes.
Let no nice Sir despise our hapless Dame,
Because recording Ballads chaunt her Name.

Hier nimmt also Rowe Bezug auf die alten Balladen. (Die eben zitierte Stelle ist der Balladensammlung vom Jahre 1723 als Motto vorangesetzt.) Dann werden wir über die Dichtungsart Rowes aufgeklärt. Shakespeare habe ihm als Vorbild gedient; vor allem sei es seine Sorge gewesen, die Leidenschaften zu erregen. An den Aktschlüssen habe er für die Stutzer (Beaux) den Reim verwendet. — Der Prolog ist in jambischen Reimpaaren geschrieben; nur dreimal, Zeile 27 bis 29, 30 bis 32 und 35 bis 37, sind je drei Zeilen durch den Reim verbunden.

Akt I, Szene 1. — Der Tower.
Gloster, Ratcliffe und Catesby.

Die Pläne des Herzogs sind gelungen. Die Königin-Witwe und ihre Partei ist überwältigt: Dorset ist verbannt, und Rivers, der Bruder der Königin, wird in diesem Augenblick zu Pomfret hingerichtet. Der Adel hat den Herzog einstimmig zum Protektor des Reiches ernannt. Die beiden Prinzen, Eduard und York sind im Tower untergebracht. Dem Herzog scheint die Krone sicher. Ratcliffe fordert ihn auf, sich derselben zu bemächtigen, da er der Würdigste dazu sei. Gloster glaubt den geeigneten Augenblick noch nicht für gekommen; deshalb stimmt er auch für die Krönung des jungen Eduard. Er weiß, daß die Fürsten auf seiner Seite stehen und ihm treu bleiben werden. Da erinnert ihn Catesby an Hastings, der sich ihm nur äußerlich beuge, im innersten Herzen aber ein treuer Anhänger des Königs sei. Dieser Lord stehe im Bann der schönen Alicia, welche ihn mit ihren Reizen zu fesseln wüßte. — Bei diesen Worten tritt Hastings ein.[1]) Nachdem er den Herzog ehrerbietig begrüßt hat, bittet er für die unglückliche Frau Shores. Er preist ihre Schönheit und schildert ihr Unglück. Gloster ist erstaunt über das ihm unbekannt gebliebene Verhältnis Hastings' zu Johanna. Auf seine Frage antwortet Lord Hastings, daß er aus Mitleid und Nächstenliebe zu dieser Tat getrieben worden sei. Einige Offiziere hätten den mächtigen Namen des Herzogs mißbraucht und Johannas Besitzungen eingezogen. Gloster sind diese Vorgänge wohl bekannt; er will Johanna empfangen und persönlich ihre Beschwerden hören. Hierauf verlassen beide das Zimmer, um über Staatsangelegenheiten zu beraten.

Szene II. Ein Zimmer im Hause Johannas.
Bellmour und Dumont.

Bellmour ist es gelungen, Dumont eine Stelle als Diener bei Johanna zu verschaffen. Dumont ist der Gatte Johannas; da er lange abwesend gewesen ist, wird er von ihr nicht erkannt. Um jeden Verdacht zu vermeiden, hat Shore den fremden Namen angenommen. Als Johanna eintritt, begrüßt Bellmour sie mit freundlichen, herzlichen Worten. Johanna klagt, daß ihr nur wenige im Unglück treu geblieben seien. Bei dem Anblick Dumonts, ihres Gatten, wird sie seltsam bewegt; sie kann ihm nichts bieten, aber als Freund will sie ihn aufnehmen und achten. Als sie hört, daß er aus Flandern gebürtig sei und von Antwerpen komme, wird sie an ihren Gemahl erinnert und bricht in Tränen aus. Dumont erzählt ihr nun den Tod ihres Gatten, damit er sicher sei, nicht von ihr erkannt zu werden, und damit er ihre Gesinnung zu demselben erfahre. Sie fühlt jetzt doppelt ihre Schuld und zeigt tiefe Reue. — Ein Diener meldet ihre Freundin Alicia, und Johanna bittet die beiden Männer, sich zurückzuziehen. — In dem folgenden Gespräch zwischen den beiden

[1]) Es ist eigentümlich, daß Rowe keine Szeneneinteilung, außer einmal im ersten Akt, getroffen hat. Obwohl er an den Anfang jedes Aktes „Scene I" setzt, numeriert er die folgenden Szenen nicht weiter.

Frauen erfahren wir ihre nahen Beziehungen zu einander. Alicia kann sich kein höheres Entzücken denken, als einen König zu den Füßen zu sehen. Auch Johanna lobt den König; er sei der schönste unter der englischen Jugend gewesen. Aber indem sie in Klagen ausbricht, macht sie sich Vorwürfe über ihre Untreue; sie bittet Alicia, nicht mehr von Eduard zu sprechen. Klar und deutlich sieht sie ihr ferneres Schicksal voraus. In wenigen Tagen werde sie im tiefsten Unglück sein; arm und elend werde sie an mitleidigen Türen um Brot betteln. Vergebens sucht Alicia sie zu trösten, ihre Schönheit werde den Protektor zur Milde umstimmen. Sie weiß wohl, daß ihre Schönheit dahin ist:

No Roses bloom upon my fading Cheek,
Nor laughing Graces wanton in my Eyes.

Eine geringe Hoffnung ist ihr geblieben; Hastings hat sich bei dem Protektor für sie verwendet. Mit weiblichem Scharfsinn sieht Alicia den Grund für dieses edelmütige Benehmen des Lords in seiner Neigung zu der noch schönen Frau. Ein leiser Schimmer von Eifersucht keimt in ihr auf. Doch Johanna weiß sie zu beruhigen; mit rührenden Worten bittet sie die Freundin, ihr einen Platz in ihrem Herzen zu gewähren. Es gelingt ihr, Alicia umzustimmen; beide geloben sich nun Treue und Freundschaft. Johanna übergibt ihr ein Kästchen mit Juwelen und Kleinodien — das letzte, was ihr geblieben — zur Aufbewahrung. Bei ihr glaubt sie diese Schätze am sichersten. Alicia versucht es noch einmal, sie zu trösten; ihre edelmütigen Taten gegen Arme und Bedrängte müßten ihr Segen bringen. Aber Johanna zeigt eine größere Menschenkenntnis. Die Frau, welche einmal gefallen ist, wird niemals ihren Ruf, ihre Ehre wieder erlangen:

In vain with Tears the Loss she may deplore,
In vain look back to what she was before,
She sets, like Stars that fall, to rise no more.

Akt II, Szene 1. — Schauplatz wie im 1. Akt.
Alicia und Johanna.

Alicia bittet Johanna, sich zur Ruhe zu begeben; gute Engel würden sie im Schlafe bewachen. Als Johanna fort ist, kommt ihr wieder der Gedanke an den treulosen Hastings, der sie solange geliebt hat und den sie wieder liebt, welcher sie nun im Stiche läßt und die Gunst Johannas sucht. Sie wird durch ein Klopfen aus ihren trüben Gedanken aufgeschreckt, und ein Diener meldet, daß Lord Hastings die Lady zu sprechen wünsche. Mit Gewalt sucht sie ihr erregtes Herz zu beruhigen; wie er ihr, will sie ihm mit Falschheit begegnen. — Als Hastings eintritt, sieht er sich mit Unwillen durch die einstige Geliebte aufgehalten, welche er nicht hier vermutet hat. Alicia erinnert ihn mit erheuchelter, wachsender Leidenschaft an seine Liebe zu ihr. Da er sie kaum zu beachten scheint, wirft sie ihm seinen Verrat offen vor: sie sei durch ihn beschimpft und verlassen. Hastings versichert sie aufs neue seiner Liebe und warnt sie vor der Eifersucht, jener Leidenschaft, welche das weibliche Geschlecht zugrunde richte. Alicia antwortet kalt, daß er jetzt triumphiere, aber er solle an ihre Rache denken; unter Drohungen verläßt sie das Zimmer. Hastings hält das weibliche Geschlecht für unglücklich, da die Leidenschaft besonders im Herzen der Frau herrsche. — Als Johanna kommt, bittet er sie um Verzeihung, daß er so spät in ihre Wohnung gedrungen sei. Er habe ihr mitteilen wollen, daß Gloster bereit sei, sie am nächsten Tage zu empfangen. Voll Dankbarkeit kniet Johanna vor ihm nieder, im Gebet will sie seiner gedenken und den Himmel bitten, ihn für soviel Gnade zu belohnen. Nun dringt Hastings ungestüm mit Bitten auf sie ein, seinen Wünschen willfährig zu sein. Aber hier stößt er auf Widerstand. Johanna weist ihn an den Hof, wo er unter den schönsten und edelsten Damen die Geliebte wählen könne. Hastings erinnert sie an ihre frühere Fröhlichkeit, ihr lustiges Leben. In seiner Leidenschaft und Verblendung hält er Johannas Betragen für Sprödigkeit und Koketterie und sucht sie mit Gewalt seinen Lüsten unterwürfig zu machen. Kniend fleht Johanna ihn an, sie lieber zu töten als ihr solche Schande anzutun. Nichts schreckt den Rasenden zurück; mit Gewalt sucht er sie in ihr Zimmer zu schleppen. Da sieht Jahanna keine andere Rettung mehr und schreit laut um Hilfe. — Dumont eilt sofort herbei. Hastings beschimpft ihn und schlägt ihn mit dem Degen Hierauf greift auch Dumont zum Schwerte; nach kurzem Kampfe entwaffnet er seinen Gegner. Er gibt dem Lord seinen Degen zurück, und dieser entfernt sich mit Drohungen gegen den kühnen Mann. — Johanna sieht mit Schrecken die gefährliche Lage, in welche Dumont durch seine Treue geraten ist. Dieser sucht sie zur Flucht zu bewegen. Bellmour habe in einem entlegenen Walde, fern von dem verräterischen Treiben des Hofes und der lärmenden Stadt, eine einsame, ruhige Wohnung für sie ausfindig gemacht; dorthin wollen sie entfliehen.

Akt III, Szene 1. — Schauplatz: Der Hof.
Alicia mit einem Schriftstück.

Alicia sucht mit allen Mitteln ihren treulosen Geliebten zu vernichten. Sie weiß, daß er treu zur Königspartei hält und dem Herzog bei seinen Plänen im Wege steht. Um den Verdacht des Herzogs zu erregen, will sie ihm ein Schriftstück überreichen, welches Hastings' Eifer für den Prinzen Eduard bestätigt. Eine weitere Triebfeder zu dieser verhängnisvollen Tat ist ihre Eifersucht gegen die von Hastings begünstigte Freundin. — Diese tritt laut klagend ein; neues Unglück hat sie getroffen. Dumont ist ergriffen und ins Gefängnis geworfen worden. Sie hält Hastings für den Urheber dieser Tat. Dieser Name erregt in Alicia wieder die höchste Leidenschaft. Als die nichtsahnende Johanna ihr die Bittschrift an Gloster zu lesen gibt, faßt sie einen furchtbaren Plan. Sie vertauscht beide Schriftstücke und gibt Johanna ihre eigene gegen Hastings gerichtete Anklageschrift: 'For Love and Vengeance'. — Als Gloster, Ratcliffe, Catesby und Gefolge eintreten, überreicht Johanna dem Herzog kniend das falsche Schriftstück. Dieser wird bei ihrem Anblick von Mitleid ergriffen und verspricht ihr Hilfe. Mit Worten des Dankes verläßt Johanna mit ihrer Freundin das Zimmer. — Erstaunt liest Gloster nun das Schriftstück; es enthält die Verdächtigung Hastings': daß dieser so treu zur Königspartei halte, sei vor allem das Werk Johanna Shores, welche ihn in ihren Banden halte. Wenn man sie beseitigen und Hastings ihrem Einflusse entziehen würde, könnte man leicht den abtrünnigen Lord gewinnen. Alicia hat ihre Absicht erreicht. Der Herzog befiehlt Catesby, Hastings scharf zu beobachten. — Jetzt tritt der Lord selber ein. Gloster schickt seine Begleiter fort, um allein mit ihm zu reden. Er erzählt ihm zunächst, daß er heute Morgen Johanna empfangen und getröstet habe; dann spricht er von den politischen Ereignissen, dem Aufruhr des Volkes und dem

Niedergang des Handels. Hastings sieht den Grund hierfür in der schwachen Regierung; aber er hütet sich, seine wahre Meinung zu sagen. Obwohl der König jung sei, brauche man nichts zu fürchten, da das Reich sicher in des Protektors Hand ruhe. Gloster bringt nun die Rede auf die jungen Prinzen. Doktor Shaw hat öffentlich ihre Illegitimität ausgesprochen: Der König hat früher ein Liebesverhältnis mit Lady Elisabeth Lucy gehabt, und aus dieser Verbindung stammen wahrscheinlich die Prinzen. Hastings verwünscht die Leute, welche Unfrieden stiften wollen, nachdem kaum die Kriege zwischen York und Lancaster beendet sind. Gloster sieht jetzt deutlich, daß der Lord ihn niemals bei seinen Plänen unterstützen werde; er sucht ihn daher zu beruhigen und in Sicherheit zu wiegen. Der junge Lord ist von glühender Vaterlandsliebe beseelt und will sein Leben gern dem Wohle des Reiches opfern.

Akt IV, Szene 1. — Schauplatz: Der Hof.
Gloster, Ratcliffe und Catesby.

Der Herzog erzählt seinen Vertrauten den Inhalt seiner Unterredung mit Hastings. Er ist zu der Überzeugung gekommen, daß Johanna die Ursache seines Eifers für die jungen Prinzen sei. Seine Begleiter raten ihm, diese Frau unschädlich zu machen. — Der Herzog läßt Johanna rufen und teilt ihr mit, daß ihre Bitte um Hilfe gewährt sei. Dann wirft er ihr vor, daß sie sich in Staatsangelegenheiten gemischt habe. Er fordert sie auf, ihre Macht über Hastings zu gebrauchen; sie könne hiermit dem Wohle des Staates dienen. Der Adel habe erkannt, daß der junge, schwache Eduard die Regierung nicht führen könne, und habe deshalb beschlossen, die Krone würdigeren Händen auzuvertrauen; dem widersetze sich Hastings. Johanna lobt den Lord für diese edle Tat und bedauert die armen verlassenen Prinzen. Obwohl Gloster ihr gebietet, von anderen Dingen zu sprechen, fährt sie fort, den König zu loben, der sie treu geliebt habe; niemals würde sie zur Verräterin an seinen Kindern werden. Jetzt beginnt Gloster zu drohen. Aber nichts kann Johanna zurückschrecken; sie will lieber die größte Not ertragen, als die Prinzen verraten. Hierauf ruft der Herzog Ratcliffe und Catesby herein und befiehlt ihnen, Johanna aus dem Palaste fort zujagen. Bei Todesstrafe verbietet er jedem, ihr Nahrung oder Obdach zu gewähren; ihre Güter seien dem Staate verfallen. Dies sei die Strafe für ihren Ehebruch. Johanna ruft Gott als den gerechten Richter an. Sie glaubt, ein solches Urteil verdient zu haben, und bittet den Himmel, er möge sie stärken, daß sie geduldig die harte Strafe ertrage. Sie hofft nicht mehr auf Mitleid; im Grabe sucht sie Vergebung und Ruhe. — Gloster befiehlt Ratcliffe, eine Wache bereit zu halten, und läßt den Staatsrat eintreten. Dieser besteht aus dem Herzog von Buckingham, dem Earl von Derby, dem Bischof von Ely, Lord Hastings und anderen. Der Earl von Derby hält alles bereit für die Krönung Eduards. Hastings rät, diese möglichst bald zu vollziehen, da es Männer gebe, welche sich derselben widersetzten. Alle blicken nun gespannt auf den Protektor; in seiner Hand liegt die letzte Entscheidung. Dieser glaubt jetzt die Zeit zum Handeln gekommen. Er darf nicht mehr zögern, seinen ärgsten Feind, Lord Hastings, zu vernichten. Mit List und Gewalt sucht er sein Ziel zu erreichen. Er fragt die Ratsversammlung, welche Strafe diejenigen verdient hätten, welche ihm nach dem Leben trachteten. Ohne einen Verrat zu ahnen, antwortet Hastings, daß sie mit dem Tode bestraft werden müßten. Da streift der Herzog sein Gewand empor, zeigt seinen verdorrten linken Arm und klagt die Königin und Johanna Shore der Zauberei an. Als Hastings Johannas Namen hört, sucht er einzulenken; aber Gloster unterbricht ihn, nennt ihn einen Verräter und den Beschützer jener Hexe. Dann ruft er die Wache herein, läßt den Lord wegen Hochverrats verhaften und befiehlt seine sofortige Hinrichtung. — Als sich der Herzog entfernt hat, bleibt Hastings betäubt zurück. Wie ein furchtbarer Schlag haben ihn die Worte Glosters getroffen. Erst durch Ratcliffes Ermahnung, seinen Mut zusammenzunehmen, erlangt er seine Fassung wieder. In diesem Augenblick dringt Alicia ein; noch einmal will sie den Geliebten in ihre Arme schließen. Doch Hastings weist sie mit kalten Worten zurück. Da legt Alicia, von Gewissensqualen gepeinigt, ein offenes Geständnis ab. Der Herzog und sie selbst seien an seinem Tode schuld; als die Triebfeder ihrer schrecklichen Tat nennt sie die Eifersucht. Sie wollte die Nebenbuhlerin vernichten und hat hierbei seinen Tod herbeigeführt. Als Hastings die Eifersucht verwünscht, klagt Alicia ihn wegen seiner Falschheit an; diese habe ihre Wut erregt und sie zur Rache getrieben. Da Hastings sie in seiner letzten Stunde nicht verfluchen will, fordert er sie auf, aus seinen Augen fortzugehen. Sie solle in ihr Gemach eilen und dort für ihn beten. Aber bevor sie ihn verläßt, fleht sie ihn kniend um Vergebung an. Hastings sieht sein Unrecht ein; er hat ihren Namen entehrt, ihren Ruf befleckt. Als auch Alicia ihm verzeiht, bittet er den Himmel um seinen Segen für sie. — Als Ratcliffe zum Aufbruch drängt und Hastings gehorchen will, verflucht Alicia Gloster in entsetzlicher Weise. Hastings sucht die Rasende zu besänftigen. Seine letzten Worte gelten Johanna; Alicia möge für sie sorgen und sie nicht mit ihrem Hasse verfolgen. — Als Hastings abgeführt ist, bricht Alicia in Klagen aus. Für immer soll sie den Geliebten verlieren, und was noch schlimmer ist, seine letzten Worte gelten nicht ihr, sondern ihrer Rivalin. Die Leidenschaft bricht von neuem heftig hervor. Sie kann es der anderen nicht vergeben, daß sie das Herz ihres Geliebten in Besitz genommen hat.

Akt V, Szene 1. — Schauplatz: Die Straße.
Bellmour und Dumont oder Shore.[1])

Der grausame Urteilsspruch Glosters ist vollstreckt worden. Wir erfahren die schrecklichen Folgen desselben aus dem Munde Bellmours, der die Qualen Johannas gesehen hat und hierüber ihrem Gatten Bericht erstattet. Von mehreren Wachen begleitet, irrt Johanna durch die Straßen. Voraufgehende Polizeibeamte verkünden das Urteil des Protektors, und zwei Priester schreien Johanna ewige Verdammnis ins Ohr. Zahlreiche Volksmassen folgen dem traurigen Zuge. Die meisten Leute verspotten und verhöhnen die einst gefeierte Frau; nur wenige empfinden Mitleid mit ihrem Elend. Johanna erträgt ihr Schicksal wie eine Heldin. In der Hand trägt sie eine brennende Kerze; die Haare fallen aufgelöst auf ihre Schultern. Ihr Auge ist zu Boden gerichtet, und nur mitunter blickt sie schmerzvoll zum Himmel empor. Ihre nackten Füße hinterlassen auf der Straße blutige Spuren. Diese Qualen

---

[1]) In der Sonderausgabe von 1758 findet sich der Druckfehler Enter Bellmour, Dumont a n d (für a s) Shore.

hat sie nun schon zwei Tage lang erduldet. Vergebens hat Bellmour versucht, ihr durch Boten Nahrung zu senden; die Wachen verhindern mit Waffengewalt jegliche Unterstützung. Shore ist entschlossen, ihr auf jeden Fall Hilfe zu bringen. Als Bellmour ihn an die Untreue seiner Frau erinnert, erwacht in ihm die Erinnerung an die früheren Zeiten. Er sieht jenen Tag wieder vor sich, an welchem er seine treulose Gattin an der Seite des Königs in der Hofkarosse erblickte. Zufällig fiel ihr Blick auf ihn; da entrang sich ein Schrei ihren Lippen und Tränen stürzten aus ihren Augen. Vergebens sprach sie auf den König ein, den Wagen halten zu lassen. Händeringend schaute Johanna zu ihm zurück und folgte ihm solange mit den Augen, bis er ihren Blicken entschwand. Hieraus schließt Bellmour, daß ihr Herz dem Gatten treu geblieben sei; derselben Meinung ist auch Shore. Er fürchtet, daß ihr zarter Körper den Anstrengungen und Entbehrungen nicht gewachsen sein werde. Seine erregte Phantasie sieht sie schon zusammengebrochen und vor Hunger und Durst verschmachten. — Sie beschließen, getrennt nach Johanna zu forschen; wer sie zuerst findet, soll sie an diesen Ort führen.

Als die zwei Freunde sich entfernt haben, tritt Johanna auf, barfuß und mit aufgelösten Haaren. Wir sehen sie jetzt in ihrem ganzen Elend vor uns. Sie will ihr Schicksal geduldig ertragen und nicht dagegen murren:

Who shall say
To Pow'r Almighty, Thou hast done enough?
Or bid his dreadful Rod of Vengeance, stay?

Johanna ist ganz allein; das neugierige Volk, ja selbst ihre Wächter haben sie verlassen. Als sie vor Erschöpfung niedersinken will, sieht sie erst, daß sie vor dem Hause ihrer alten Freundin Alicia steht. Da wird sie von neuer Hoffnung beseelt. Auf ihr Klopfen erscheint ein Diener; aber als sie eintreten will, wird sie von ihm zurückgehalten. Er dürfe niemand vorlassen, da seine Herrin nicht wohl sei. Nach diesen Worten schließt er die Tür. So ist Johanna auch die letzte Hoffnung genommen; verzweifelnd sinkt sie vor der Türe nieder, um hier den Tod zu erwarten. Da tritt Alicia, von zwei Dienern begleitet, aus dem Hause und erblickt Johanna, ohne sie zu erkennen. Diese bittet um ein Stückchen

Brot und einen Tropfen Wasser. Aber Alicia verweigert ihr diese Gaben – 'I know thee not.' Da nennt Johanna ihren Namen und erinnert sie an ihre alte Freundschaft. Als Alicia sie erkennt, flucht sie ihr; sie habe sie um ihren Verstand gebracht, sie sei die Veranlassung zu Hastings' Tode gewesen. Vergebens bittet Johanna sie um Brot; Alicia möge dafür die Juwelen, welche sie ihr anvertraute, behalten; vergebens bittet sie um Gnade. Wie eine Wahnsinnige antwortet Alicia:

Mercy! I know it not — for I am miserable.
I'll give thee Misery, for here she dwells;
This is her House, where the Sun never dawns,
The Bird of Night sits screaming o'er the Roof,
Grim Spectres sweep along the horrid Gloom,
And nought is heard but Wailings and Lamentings.

In ihrem Wahn sieht sie den blutigen Leichnam Hastings' vor sich, welcher ihr zuwinkt zu folgen. Sie läuft davon, von ihren Dienern begleitet. — Obwohl Johanna von ihr zurückgewiesen ist, bittet sie den Himmel um Gnade für das unglückliche Geschöpf. Sie fühlt jetzt immer mehr ihre Kräfte schwinden; bei den letzten Worten sinkt sie ohnmächtig zur Erde. So findet sie Bellmour; er wundert sich, daß sie allein ist. Johanna bittet ihn, sie wieder zu verlassen; sie wolle hier sterben, alle Hilfe sei vergebens. Doch Bellmour sagt ihr, daß er und Dumont zu ihrem Beistand herbeigeeilt seien. Dieser Name beseelt Johanna von neuem. Als nun Dumont, nicht mehr verkleidet, hereintritt, erkennt sie ihn als ihren Gatten und sinkt ohnmächtig zu Boden. Sie kommt erst wieder zum Bewußtsein, nachdem Dumont ihr ein belebendes Getränk eingeflößt hat. Noch immer kann sie es nicht fassen, ihren tot geglaubten Gatten vor sich zu sehen, und hält ihn für seinen Schatten, seinen Geist. Mit sanften Worten sucht Shore sie zu beruhigen. Er fordert sie zur Flucht auf; aber Johanna ist zu schwach, ihm zu folgen. Sie nimmt nun einige Nahrungsmittel, welche Shore mitgebracht hat; aber bevor sie ißt, betrachtet sie das Gesicht ihres Gatten und bemerkt, daß es bleich und alt geworden ist. An allem sei sie schuld. Johanna ist so schwach geworden, daß sie nicht einmal mehr essen kann. — In diesem Augenblick tritt Catesby ein und befiehlt seinen Wachen, die beiden Männer als Staatsverräter zu ergreifen, weil sie dem Befehl des Protektors zuwider gehandelt hätten. Shore verflucht ihn als das Werkzeug der Macht. Als er von den Wachen fortgeführt wird, folgt ihm Johanna; aber bevor sie ihn erreicht hat, stürzt sie zusammen. Shore entreißt sich nun den Händen der Wache und eilt zu ihr. Johanna bittet Catesby, sie an Stelle ihres Gatten zu töten; sie würde nur noch wenige Augenblicke leben. In höchstem Schmerze sinkt ihr Gatte vor ihr nieder. Sterbend ruft Johanna mit herzdurchdringendem Schrei: 'Forgive me! — But forgive me!' Nachdem Shore ihr verziehen, stirbt sie ruhig in seinen Armen, indem sie die Gnade des Himmels anruft. Shore küßt sie zum letzten Male auf ihre erkaltenden Lippen, — dann läßt er sich von den Wachen zum Tode führen.

Hiermit ist die Handlung des Stückes zu Ende. Die letzten Worte, welche Rowe nun dem Bellmour in den Mund legt, heben die Moral, welche in dem Drama ausgedrückt wird, hervor:

Let those, who view this sad Example, know;
What Fate attends the broken Marriage-Vow. —

Wie das Drama von einem Prologe eröffnet wird, so schließt es mit einem Epilog, welcher bei der ersten Aufführung von Mrs. Oldfield gesprochen wurde. Der Dichter wendet sich zunächst an die tugendhaften Ehefrauen und bittet sie um Verzeihung, daß er eine Frau dargestellt habe, welche ihrem Manne die Treue brach. Trotzdem könnten sie Johanna ihr Mitleid nicht versagen, da sie ein mildes, sanftes Gemüt gehabt und viel Gutes in ihrem Leben getan habe. Zu ihrer Entschuldigung müsse man ferner anführen, daß ihr Geliebter ein König war. Die letzten Verse enthalten die Bitte um Mitleid für Johanna, welche ihre Sünde so schwer büßen mußte. — Die Metrik ist im Epilog dieselbe wie im Prolog.[1])

Quellenforschung.

Bei der Quellenfrage einer geschichtlichen Dichtung ist der erste Gedanke wohl der, daß der Dichter seine historischen Angaben größeren Geschichtswerken entnommen hat. Deshalb sollen die folgenden Untersuchungen feststellen, welche Chroniken Rowe als Vorlage gedient haben können. Daneben muß man beachten, daß zu der Zeit der Abfassung des Dramas bereits Dich-

[1]) vgl. S. 54.

tungen über den gleichen Stoff bestanden. Diese sekundären Quellen waren von hoher Bedeutung für den Dichter. In den Chroniken lag ihm der rohe, unbearbeitete Stoff, oft nur in skizzenhafter Form, vor, während seine Vorgänger einzelne Ereignisse hervorhoben, sie weiter ausgestalteten und in engere Beziehung zu einander setzten. Dem großen Dramatiker gelingt es wohl, eine nüchterne Prosadarstellung zu einem einheitlichen Drama umzugestalten, in welchem die Hauptpersonen scharf charakterisiert sind, ihre Handlungen aus ihrem Charakter heraus und den auf sie einwirkenden Einflüssen motiviert werden. Was hat Shakespeare aus den alten Chroniken für herrliche Dramen geschaffen! Aber hierzu war eben ein dramatischer Genius nötig, wie Shakespeare es war. Jeder Dichter, dem solche schöpferischen Talente nicht zu Gebote stehen, wird sich nach anderen Hilfsmitteln umsehen. Diese bieten sich ihm in den oben erwähnten sekundären Quellen. Es ist das Recht des Dichters, alle Quellen zu benutzen, welche ihm gut dünken.

Auch bei Rowe haben wir zwei Arten von Quellen zu unterscheiden, nämlich erstens die alten Chroniken und zweitens die früheren Bearbeitungen des gleichen Stoffes, sei es in prosaischer oder poetischer Darstellung. Die primären Quellen sind die alten Chroniken, welche die Ereignisse aus der Zeit der zweiten Hälfte des 15. Jahrhunderts zur Darstellung bringen. Hierfür kommen die Chroniken von Robert Fabyan, Polidorus, Virgilins, Edward Hall, Richard Grafton (dem Fortsetzer von Hardyngs Chronik), Raphael Holinshed und John Stowe in Betracht. Diese Werke sind auf S. 7—10 genau besprochen; ich verweise also auf die dortigen Untersuchungen. Thomas Mores Werk bildet wie für Shakespeare, so auch für Rowe die Hauptquelle. Er schrieb in demselben Jahre, in welchem das Drama erschien (1714), eine Abhandlung über das Leben und den Charakter Johannas auf Grund von Mores Schilderungen[1]). Hierin liegt der Beweis, daß Rowe Mores Geschichte im Original oder in dem Abdruck bei Fabyan und Holinshed

[1]) The Life and Character of Jane Shore: Collected from the Best Historians, Chiefly from the Writings of Sir Thomas More, who was her Contemporary and personally known to her. N. Rowe. 1714. — Im Britischen Museum in London unter T. 1092 (3); auf keiner deutschen Bibliothek vorhanden.

kannte[1]). Bei näherer Untersuchung stellt es sich heraus, daß er sich genau an diese Schilderungen gehalten hat. Er fand hier vollständig den Stoff vor für den Charakter Glosters, Ratcliffes, Catesbys, z. T. auch Johannas. Weil er aus derselben Quelle wie Shakespeare für Richard III. schöpfte, so finden sich zahlreiche Übereinstimmungen zwischen „Jane Shore“ und „Richard III.“, besonders in den Charakteren der Hauptpersonen. Eine Szene entlehnte Rowe fast wörtlich aus Shakespeare[2]). Es handelt sich um Akt IV, Szene 1 bei „Jane Shore“ und um Akt III, Szene 4 bei „Richard III.“ Diese Szenen sind abgedruckt bei Hart S. 231—238, worauf ich hiermit verweise. Ich gebe im folgenden genau die wörtlichen Übereinstimmungen, während Hart nur die ganzen Szenen hintereinander stellt.

Jane Shore: (Hart S. 177 ff.)	Richard III.: (Globe Edition III, 4, v. 67 ff. Hart S. 237 ff.)
Hastings: To say, who'er they be, they be, they merit Death.	To doom the offenders, whatsoever they be: I say, my lord, they have deserved death.
Gloster: Behold my Arm thus blasted, dry and wither'd.	— — —; behold mine arm, Is, like a blasted sapling, wither'd up.
— — — —	— — — —
This is the Sorcery of Edward's Wife, Who in Conjunction with that Harlot Shore.	And this is Edward's wife,... Consorted with that harlot strumpet Shore.
Hastings: If they have done this Deed —	If they have done this thing, — — —
Gloster: Talk'st thou to me of If's, audacious Traitor!	Tellest thou me of 'ifs'? thou art a traitor.
— — — —	— — — —

[1]) vgl. Hart S. 10: Im „Catalogue of the Library of N. Rowe“ sind angeführt: Fabian's Chronicle; Holinshead's Chronicle, 3d vol., More's Philosophical Writings und Poems.

[2]) Dieses Plagiat ist, soweit ich feststellen konnte, zuerst von James Boaden, Memoirs of the Life of John Th. Kemble. London 1825, vol. II, p. 422 richtig erkannt worden. Später wird es in verschiedenen Werken genannt, so in Le Globe a. a. O. 1827, Paris, Nr. 86, 20. Oktober; ferner in Thomas Heywood's Edward the Fourth ed. by The Shakesp. Soc. 1842. Introduction p. VI: „Rowe has borrowed a scene form Shakespeare's Richard III.“ (Barron Field.)

I will not dine before his Head be brought me,	I will not dine until I see the same
Ratcliffe, stay you, and see that it be done,	Lovel and Ratcliff, look that it be done;
The rest, that love me, rise and follow me,	The rest, that love me, rise and follow me.
Ratcliffe: Make a short shrift...	Therefore, my Lord, address you to your Shrift.

Wenn auch Thomas Mores Vorlage ähnliche Ausdrücke zeigt, so hat Rowe hier wörtlich aus Shakespeare entlehnt. Wir kommen hiermit zu der wichtigen Frage, in welcher Weise Rowe von Shakespeare abhängig war. Die Beschäftigung mit diesem Dichter zeigt sich deutlich in seinen beiden letzten Dramen „Jane Shore“ und „Lady Jane Grey“. Er selber fügt dem Titel des ersten Dramas „In Imitation of Shakespeares Style“ hinzu. Über diesen Zusatz sind verschiedene Meinungen geäußert worden. Ben Johnson sagt in seinem wichtigen Werke[1]): „In what he thought himself an imitator of Shakespeare, it is not easy to conceive. The numbers, the diction, the sentiments, and the conduct, every thing in which imitation can consist, are remote in the utmost degree from the manner of Shakespeare; whose dramas it resembles only as it is an English story and as some of the persons have their names in history.“

Zu dem gleichen Resultat kommt Cibber[2]): „How Mr. Rowe could imagine that this play is written at all in imitation of Shakespeare's style, we cannot conceive, for so far as we are able to judge, it bears not the least resemblance to that of Sh. The conduct of the design is regular, and in that sense it partakes not of Shakespeare's wildness . . . .“

Derselben Überzeugung ist Pope[3]), wenn er sagt, „that the only resemblance to Sh. he could detect was

[1]) Lives of the Most Emminent ... II, p. 307.

[2]) The Lives of the Poets of Great Britain and Ireland. By Mr. Cibber and other Hands. London 1753, vol. III, p. 278.

[3]) Diese Bemerkung steht in D. N. B. vol. XLIX, p. 342. Wo Pope sich in seinen Werken mit diesen Worten äußert, habe ich nicht feststellen können. Das Zitat Popes stammt gar nicht aus 'Jane Shore', sondern aus „Lady Jane Grey“; vgl. Hart a. a. O. p. XIX. Pope wußte also noch nichts von Rowes Plagiat in der Ratsszene.

the single borrowed line -- 'And so good morrow t'ye, good master lieutenant'!

Andere Literarhistoriker des 18. Jahrhunderts nehmen zu dieser Frage keine Stellung. Ich kann mich dem Urteile Johnsons, Popes und Cibbers nicht anschließen. Sicher haben sie Rowes Drama gekannt; es ist jedoch zu bezweifeln, daß sie „Jane Shore“ auf Übereinstimmung mit Shakespeareschen Dramen genauer untersucht haben. Auf den ersten Blick fällt die große Ähnlichkeit zwischen Rowes Drama und Richard III. auf. Diese ist später allgemein bekannt gewesen. So weist James Boaden[1]) ausdrücklich auf Johnson's unrichtiges Urteil hin: Perhaps he had no very distinct recollection of Rowe when he wrote this passage, for the diction is often not only similar, but identical. In the part of Glocester, and among his confederates, such instances abound . . . As to diction, not to point out the miserable shifts of awkward elisions and strange oaths — "Beshrew me" — "y'have" — "'twere pity" — 'go to!" and such small deer; there are passages so turned, that even memory is deceived by likeness, and considers them stolen from the stores of Sh., till she ascertain her mistake by a fruitless search for them“. Ich bin derselben Ansicht wie Boaden; gerade der letzte Satz trifft das Richtige. Jeder, welcher das Drama liest und mit Shakespeares Richard III. vergleicht, wird oft über scheinbare Ähnlichkeiten im Ausdruck erstaunt sein. Trotz genauer Vergleichungen zwischen beiden Dramen habe ich nur wenige in denselben Worten übereinstimmende Sätze gefunden. Boaden[1]), welcher in scharfsinniger Weise die wahren Beziehungen zwischen Rowe und Shakespeare festgestellt hat, führt einige Beispiele an:

Rowe, J. Shore, III (p. 138.)	Sh. Macbeth, III. Akt, 1. Sz.
Gloster: — The council (much I'm bound to thank 'em for't)	Macbeth: — Upon my head they plac'd a fruitless crown,
Have plac'd a pageant Sceptre in my Hand	
Barren of Pow'r, and subject to controul.	And put a barren sceptre in my gripe

Eine weitere Übereinstimmung, wenigstens in einem sonst ungebräuchlichen Ausdruck, habe ich im folgenden gefunden:

[1]) a. a. O. II, p. 422.

Rowe, J. Shore, III (p. 137)	Sh., Macbeth, IV, Sz, 1.
Who can wonder If rist and misrule o'erturn the realm, When the crown sits upon a baby brow?	And wears upon his baby brow the round and top of sovereignty?

James Boaden ist nicht der einzige, welcher das Plagiat Rowes erkannte. In der Zs. Le Globe[1]) findet sich gleichfalls die Bemerkung, daß Rowe eine ganze Szene aus Shakespeares Richard III. herübernahm. Auch Barron Field erkannte es richtig (vgl. S. 66, Anm. 2). — Wenn Rowe dem Titel „In Imitation of Shakespeare's Style" hinzusetzte, verfolgte er bestimmte Absichten. „Er wollte das Publikum wieder auf Shakespeare aufmerksam und nach seiner Poesie lüstern machen"[2]). Rapp sieht gerade hierin eine der größten Taten Rowes zusammen mit seiner Herausgabe von Shakespeares Werken: „Nachdem einmal diese Musterprobe (sc. Jane Shore) durchgegangen war, da konnte Garrick es wagen, mit dem Heros selbst herauszurücken. So hat dieses Stück seine welthistorische Bedeutung darin, daß es das mittelenglische Theater oder das barbarische Mittelalter der englischen Schaubühne in wahrhaftem Sinne des Wortes beschlossen hat und die Morgenröte wurde für den wiederauferstehenden Shakespeare-Tag"[3]).

Sir James Mackintosh[4]) urteilt folgendermaßen: „If it is not worthy to Shakespeare, it is worthy to come next to him." Prölss[6]) kommt zu einem ähnlichen Resultat, wenn er über Rowes letzte Dramen, Jane Shore und Lady Jane Grey, bemerkt: „Rowe nähert sich darin Shakespeare mehr an, als sonst, was sich freilich nur in den gelegentlichen Ausbrüchen einer wahren und starken Empfindung und in einer größeren Lebendigkeit des sprachlichen Vortrags, der dialogischen Bewegung zeigt."

---

[1]) Le Globe, Recueil philosophique et littéraire. Paris Tome V. 1827 Nr. 86, 20. Okt.

[2]) und [3]) Moritz Rapp, Studien über das englische Theater. Tübingen 1862, p. 276.

[4]) The Gentleman's Magazine. London 1846. vol. XXV. June, p. 587.

[6]) Robert Prölss, Geschichte des neueren Dramas. 2. Hälfte. Leipzig 1882, p. 317.

Betreffs der Charakteristik der Hauptpersonen kann ich im wesentlichen auf Behrend's und Hart's Untersuchungen verweisen[1]).

Wenn Rowe für die männlichen Personen seines Dramas die alten Chroniken als Vorlage benutzte, so fand er für seine Frauengestalten einige Züge in den Balladen vor[2]). Diese haben ihn besonders zu der Gestalt der Alicia veranlaßt. In der Zeichnung ihres Charakters folgt er vor allem der Ballade von Th. Deloney, in welcher sie Mrs. Blague genannt wird. Indem Rowe sie der Johanna gegenüberstellt, erreicht er einige wirkungsvolle Szenen. Ähnlich wie bei Rowe ist Alicia als Mrs. Blages in Heywood's Edward IV. dargestellt; dieser geht unmittelbar auf die Ballade zurück. Dies geht besonders aus einer Stelle hervor. Als Johanna hilfeflehend zu Mrs. Blages kommt und ihre Juwelen zurückfordert, antwortet diese: „I know of none"; sie leugnet also, dieselben erhalten zu haben. Genau so heißt es in der Ballade:

But she denyed to me the same
When in my need for them I came.

Bei Rowe dagegen fordert Johanna die Juwelen gar nicht zurück:

Nor do I ask it back; allow me but
The smallest pittance, give me but to eat.

Hier zeigt sich Rowe also selbständiger als Heywood, welcher der Quelle wörtlich folgte. An dieser Stelle möchte ich auch auf das Abhängigkeitsverhältnis Rowes zu seinem Vorgänger bezug nehmen. Ward[3]) urteilt hierüber: „Rowe's Jane Shore (1714) exhibits, so far as I can see, no trace of a connexion with Heywood's play;" Barron Field[4]) dagegen meint: „Rowe has only borrowed a scene from Shakespeare's Richard III., and has been much more indebted to Heywood's 'Edward the Fourth'". Ich kann keinem von beiden ganz zustimmen. Rowe hat sich nirgends, mit Ausnahme der einen von Shakespeare geborgten Szene, genau an seine Vorlagen angelehnt. Ich glaube, daß Rowe „Eduard IV." gekannt hat, da sich eine Quartausgabe von Heywood's Dramen in seiner Bibliothek

[1]) Was von ihnen geschichtlich feststeht, ist in erschöpfender Weise im D. N. B. zusammengestellt.

[2]) Im großen und ganzen sind sie aber Rowes eigene Schöpfung.

[3]) a. a. O. vol. II, S. 556.

[4]) Thomas Heyword's Edward IV a. a. O., Einleitung S. VII.

befand.[1]) Ähnlichkeiten im Ausdruck lassen sich zwar für beide Dramen nur selten nachweisen[2]), aber in allgemeinen Zügen, wie dem Verlauf der Handlungen usw., finden sich in mancher Hinsicht Übereinstimmungen. Die Darstellung des Verhältnisses zwischen Johanna und dem Könige bei Heywood bildet gewissermaßen eine Vorgeschichte zu Rowes Drama. Dem Stoffe nach sind also beide Stücke eng miteinander verwandt. Auch die Schilderung der letzten Lebensschicksale Johannas zeigt in beiden Dramen einige Berührungspunkte.

Über die Bedeutung von „Jane Shore" im Verhältnis zu den übrigen Dramen Rowes herrscht geteilte Meinung. Nur daß es eins seiner besten Werke sei, wird allgemein anerkannt. Jedenfalls war es das zugkräftigste seiner Dramen; in der Rolle Johannas versuchten sich alle hervorragenden Schauspielerinnen Englands; Mrs. Siddons zählte sie sogar zu ihren Lieblingsrollen. Nun kann ein Drama seine volle künstlerische Kraft nur bewähren, wenn es von der Bühne herab wirkt. Hiernach könnte man „Jane Shore" überhaupt das beste von Rowes Dramen nennen. In der Tat haben einige Literarhistoriker so geurteilt, z. B. Courthope[3]): „In my opinion by much the best of Rowe's poetic dramas is Jane Shore"; derselben Meinung ist Henry Morley[4]).

Es wird uns berichtet, daß einige Szenen des Dramas von hinreißender Wirkung auf die Zuschauer gewesen sind. Im Globe[5]) wird besonders die Begegnungsszene zwischen den beiden unglücklichen Frauen vor dem Hause der Alicia als wirkungsvoll gerühmt. Hier entfalte sich der schreckliche Gegensatz einer schwachen, durch die Menschen bestraften Frau und einer bösen, die von dem Schicksal getroffen ist; die Folterqualen Johannas seien in wahrhaft tragischer und ergreifender Weise dargestellt worden. Eine schmerzhafte Erregung habe alle ihre Glieder bewegt, als sie, halbtot vor Hunger und Ermüdung, aber allein und endlich von der Menge befreit, die es müde geworden ist, sie zu verfolgen, — es wagt, die Augen zu erheben und das Haus ihrer teuren Alicia

---

[1]) vgl. Hart a. a. O., p. 10.

[2]) ebenda, unter Notes to Jane Shore, p. 214 ff.

[3]) A History of English Poetry. London 1905, vol. V, p. 439.

[4]) A First Sketch of English Literature. 4th Edition, London, Paris, and New-York, p. 786.

[5]) a. a. O. 1827. Tome V, Nr. 86.

erblickt, das Haus, in welchem sie so oft zur Zeit ihres Glückes mit Liebe empfangen wurde. — Auch die Erkennungsszene zwischen den beiden Gatten sei sehr ergreifend gewesen.

Heute erscheint uns „Jane Shore“ an manchen Stellen zu roh. Zu Rowes Zeit aber erfreuten sich Szenen, wie die zwischen Hastings und Johanna im zweiten Akt, großer Beliebtheit beim Publikum; solche Nachtszenen gehörten zu den besten Zugmitteln des damaligen Theaters. Rowe folgte also nur dem Geschmack seiner Zeit. Von dieser Szene, welche schon Lemercier (vergl. Kap. III) nicht mehr auf die Bühne zu bringen wagte, abgesehen, zeigt unser Drama in manchen Partien Stellen von poetischer Schönheit und dramatischer Kraft. Daß das Drama im Laufe des neunzehnten Jahrhunderts von der englischen Bühne verschwand, liegt in dem veränderten Zeitgeschmacke. An Versuchen, „Jane Shore“ zu modernisieren, hat es nicht gefehlt. Hierher ist Kemble's Neubearbeitung vom Jahre 1815 zu rechnen.

C. Johanna Shore im 19. Jahrhundert.

Im ersten Viertel des 19. Jahrhunderts wurde Rowes „Jane Shore“ sehr häufig in London aufgeführt. Seit 1815 bestand eine revidierte Ausgabe von J. P. Kemble[1]). In dieser Zeit bemühte man sich, Rowes Drama dem veränderten Zeitgeschmacke anzupassen — derselbe Vorgang, wie er sich einige Jahre später in Frankreich bei Nachahmungen des englischen Vorbildes zeigte (vergl. Kap. III). — Im Gegensatze hierzu versuchte es William Gorman Wills im Jahre 1876, ein völlig originelles Drama zu schaffen. Es ist leider niemals gedruckt worden, auch habe ich nicht feststellen können, ob das Manuskript noch erhalten ist. Auf dem Britischen Museum ist es weder in der einen noch in der anderen Form vorhanden. Nun besitzen wir glücklicherweise genaue Angaben über das Drama in einer Lebensbeschreibung unseres Dichters, welche sein Bruder Freeman Wills[2]) veranstaltete. Ich möchte an dieser Stelle erwähnen, daß Wills in der

[1]) Kemble veranstaltete viele solcher Neubearbeitungen, auch Shakespearescher Stücke.

[2]) W. G. Wills, Dramatist and Painter. By Freeman Wills. London, New York and Bombay. 1898.

Literaturgeschichte von Will. Ward[1]) fälschlich „Our late Mr. Wells“[2]) genannt wird, auch noch in der 2. Auflage vom Jahre 1898. Von hier scheint sich der Fehler (Druckfehler?) in Bibliographien und wissenschaftliche Arbeiten eingeschlichen zu haben[3]). Die richtige Schreibung fand ich zuerst bei Davenport Adams[4]): „W. G. Wills (1828—91) has written a drama on the subject of her (sc. Jane Shore's) life.“

Der Biographie F. Wills entnehme ich folgende Einzelheiten (S. 148): „When he first took up the project of writing a historical series, the story of Edward IV.'s mistress presented a fresh subject. Rowe's play, in which, at the beginning of the century, Mrs. Siddons had shown her marvellous powers, possessed little (if any) literary merit, and my brother m a d e n o u s e w h a t e v e r o f i t. . . . Her chequered career, her praise and blame, made Edward's favourite a subject after the dramatist's own heart.“ — Fr. Wills berichtet nun weiter, daß das Manuskript lange auf dem Bücherbrett des Dichters gelegen habe, bis sich Miss Wallis selber erbot, die Hauptrolle darzustellen. So kam es im März 1875 unter Mr. Wilson Barrets Leitung und der Mitwirkung seiner Gattin, welche unter dem Namen Miss Heath bekannt war, zu einer Aufführung des Dramas in Leeds im Amphitheater. Es hatte hier durchschlagenden Erfolg und wurde nun in den Provinzen und endlich am 30. September 1876 im Prinzeß-Theater in London unter der Leitung F. B. Chattertons aufgeführt. „Its run was a record for a historical and poetic drama. . . . The success of the author was due to the fact that he was really affected by the sorrows of his luckless heroine. He used to say the secret of playwriting was to get inside the ribs of your character and he knew that what was coined from his own heart would reach the heart of others.“ (S. 149 und 150.) — Etwas über den Inhalt des Dramas erfahren wir aus folgenden Angaben: „The great scene of the play was that at Old Charing Cross, where the falling snow is spreading a

---

[1]) vol. III, S. 438, Anm. 3.

[2]) Wells ist ein noch lebender englischer Romanschriftsteller nach Art von Jules Verne.

[3]) So in D. N. B. unter Jane Shore; ferner bei Behrend, Nich. Rowe als Dramatiker. Diss. 1907.

[4]) Dictionary of English Lit., London, Third Edition unter Jane Shore.

white sheet of penance over London, and the unhappy woman is driven starving through the streets by Richard's agents. Here the situation is so heartrending, and the sympathy of the audience is so powerfully excited, it often occurred that individuals in the audience, especially women, uttered cries of indignation, such as 'Oh you villains!' and could they have reached the stage, it would have fared ill with Gloster's minions'."

Ausführliche Angaben über das Drama enthält auch eine Rezension, welche sich in der Times, 4. Oktober 1876, unter der Überschrift „The Princess' Theatre" befindet.[1]) Hier werden einige Veränderungen genannt, welche Wills im Vergleich zu Rowes Drama vornahm. Im Gegensatz zu allen früheren poetischen Bearbeitungen läßt Wills seine Heldin nicht im Elend umkommen. „Mr. Wills", so schreibt der Theaterkritiker, „gives her a happier ending to her life, or at least so much of her life as he shows us, for he leaves her safe and at rest once more in the arms and beneath the roof of her husband; so apparently he declines to believe Sir Thomas to be more credible than Nicholas Rowe and will not allow that his heroine died in poverty." — Eine eingreifende Änderung besteht darin, daß Wills Hastings gar nicht auf die Bühne bringt, welcher bei Rowe zu den Hauptpersonen gehört. Der Gatte Johannas, welcher sonst Matthew oder auch William genannt wird, heißt bei Wills Henry. Johannas Charakter wird folgendermaßen beschrieben: „Mr. Wills represents her as very kind and charitable, and, in short, with one exeption of her unfortunate mistake, as a very good woman, and we are perfectly willing to accept her as such." — Als Johanna vom Hofe verjagt ist, wird sie von zwei Männern unterstützt, einem Bäcker, namens Grist, und einem Freunde ihres Gatten. Die weiteren Schicksale Johannas sind von Wills in ganz selbständiger Weise behandelt worden. Wir erfahren hierüber: „Jane goes back to her home, but her husband will have nothing to do with her. . . . However, Shore sets his face against her, though he promises to pardon her when her pardon has been received from Heaven — how the exact moment of that forgiveness is to made plain we are not told. Jane having rejected Gloucester's overtures of love, and also

---

[1]) Diese Rezension bezieht sich auf die ersten Aufführungen der „Jane Shore" in London.

having declined to assist him to prove the Queen a wanton, is accused by him of witchcraft, and condemned to do penance, and afterwards virtually to starve. When on the point of starvation she is rescued by Grist, who gives her food, and in the tumult that ensues ou this violation of the Royal commands, when she is again nearly losing her life, she is once more rescued, and this time by her husband, more as it would seem because she is a woman than because she is his wife. As, however, on reflection he considers that her penance and subsequent misfortunes should have earned the pardon of Heaven he adheres to his original resolution, and ratifies it with his own pardon and so the play ends happily." — Der Kritik über das Drama entnehme ich folgende Stellen: „As a historic drama — that is, a drama judged from a historian's point of view, Mr. Wills's play is without reproach, — but from any other point of view, we are not inclined to accord it the same praise. It is feeble in construction and rather tedious in narration, nor does the blank verse in which it is written appear to us any better than the prose with which less ambitious writers are usually content. ... There was a dramatic ending, it is true, to te fourth act, which should have been the last act, but with this exception the action was slow and weak. Nor can we say that this play was well acted."

Das Drama hat also bei der Aufführung keinen sehr günstigen Eindruck auf den Kritiker gemacht. Jedoch scheint das schlechte Spiel der Schauspieler die Ursache desselben gewesen zu sein. Am Schluß der Rezension findet sich noch folgendes Urteil: „A play in five acts and in blank verse on so gloomy, albeit dramatic, if Mr. Wills pleases, a subject as the history of Jane Shore, must be a very good play indeed to please an audience at the present day."

Kapitel III.

Johanna Shore in der französischen Literatur.

In der französischen Literatur finden sich keine Originalbearbeitungen unseres Stoffes, es sind ausschließlich Umarbeitungen und Nachahmungen der englischen Dramen. Die französischen Dichter fanden ihre Quellen bei Rowe und Shakespeare; die einen beschränkten sich auf eine mehr oder minder wörtliche Übersetzung, die anderen suchten ihre Vorlagen für den Geschmack des Publikums umzuändern und möglichst zugkräftige Stücke zu schaffen. Soweit es mir möglich war, habe ich folgende französische Bearbeitungen gefunden[1]):

1. Traduction du Théâtre Anglois. Seconde époque 1. Paris 1784. Prosaübersetzung von Madame de Vasse.
2. Jeanne Shore, ou le triomphe de la Fidélité. (London) 1797. Versübersetzung von L. D. C. V. G. D. N.
3. Jane Shore, en 5 actes et en vers de N. Rowe. 1822. Paris. Prosaübersetzung von G. G. J. S. Andrieux.
4. Richard III et Jeanne Shore, drame historique. Bruxelles 1824. Versbearbeitung von Rowes „J. Shore“ und Shakespeares „Richard III“ von Lemercier.
5. Jane Shore, tragédie en cinque actes. (1824). Versübersetzung von Liadières.
6. Richard III et Jeanne Shore im Répertoire dramatique. Bruxelles 1829. Versbearbeitung nach Rowe und Shakespeare.

Von diesen Werken sind Nr. 1, 2, 3 und 5 wörtliche Übersetzungen von Rowes „Jane Shore“, Nr. 4 und 6 freie Bearbeitungen nach Rowe und Shakespeare. Diese zweite Gruppe ist allein von größerem Werte, die erste ist nur historisch von Wichtigkeit. Sie wird uns daher nur kurze Zeit beschäftigen.

1. Prosaübersetzung von Madame de Vasse. Paris 1784[2]). Es ist eine wörtliche Übersetzung in französischer Prosa von Rowes „Jane Shore“. Die Widmung, der Prolog und der Epilog sind hier, wie in allen übrigen französischen Bearbeitungen, fortgelassen. In dem vorausgehenden „Argument“ meint Madame de Vasse: „l'intrigue de cette pièce est un trait de l'histoire d'Angleterre“, weil der Herzog gegen Johanna die strengen Gesetze wider den Ehebruch in Anwendung zu bringen befahl, die bei

[1]) vgl. hierzu: Hart a. a. O. S. 251—252. — La France littéraire par J. M. Quérard. Tome huitième. Paris 1836. S. 259 unter Jane Shore. Dieser führt 10 Übersetzungen aus den Jahren 1784 bis 18[illegible] an. Ferner D. N. B. London 1897. Bd. 49. unter Rowe.

[2]) Genauer Titel: Traduction du Théâtre Anglois. Depuis l'origine des Spectacles, jusqu'à nos jours. Divisée en trois époques. Dédiée à Son Altesse Royale le Prince Henri de Prusse. Seconde époque [illegible] A Paris. 1784. S. 1 ff. Jane Shore, Tragédie en cinq actes, par N. Rowe. Représentée pour la premiére fois sur le Théatre Royal de Drury-Lane, l'année 1713.

Todesstrafe jedem verboten, der Schuldigen „Obdach, Brot und Wasser“ zu reichen. Ohne Zweifel ist die Strafe Johannas, welche in Rowes Drama so genau geschildert wird, kulturgeschichtlich von hoher Bedeutung, da sie in die damaligen Justizverhältnisse hineinleuchtet.

2. Versübersetzung von L. D. C. V. G. D. N. (London) 1797[1]). Außer an dieser Stelle bei Hart habe ich nirgends Angaben über dieses Drama gefunden, Auf den deutschen Bibliotheken hat es sich nicht nachweisen lassen.

3. Prosaübersetzung von G. G. J. S. Andrieux[2]). Hier findet sich eine genaue „Notice sur Jane Shore“, in welcher N. Rowe einer der berühmtesten und geachtetsten (!) englischen Tragiker genannt wird. Als die besten Stücke Rowes betrachtet Andrieux Jane Shore, Tamerlane und la Belle Pénitente (The Fair Penitent). Dann folgt eine Lebensgeschichte Johannas. Betreffs der Quelle für Rowe urteilt Andrieux S. 7: „Rowe a pris le dénoûment dans une vieille ballade sur Jane Shore.“ Das Hauptinteresse liegt nach der Meinung des französischen Dichters in der Rolle Johannas (S. 8): „Le poète a su rendre l'héroine de sa tragédie extrêmement intéressante; si elle est coupable de faiblesses, elle les expie cruellement; elle a d'ailleurs beaucoup de bonté, beaucoup de noblesse de sentimens; on ne peut s'empêcher de la plaindre, et sa mort doit être pour les spectateurs une scène déchirante. S. 11: L'unité d'intérêt est assez bien observée dans la tragédie de Rowe; cet intérêt repose tout entier sur Jane Shore, c'est à elle que se rapportent toutes les parties de l'action de ce drame.“ — Im Gegensatz zu der Übersetzung von Madame de Vasse will Andrieux eine wortgetreue Übersetzung des Originals geben (S. 11): „Il a paru en 1784 une prétendue traduction du théâtre anglais dans laquelle on trouve la Jane Shore de Rowe. Il est concevable qu'on ait osé présenter au public comme une traduction ce qui est à peine une imitation de l'original; le dialogue, plein de contre-sens, est continuellement tronqué; et il y en a au moins un tiers d'omis. — Nous avons fait au contraire nos efforts pour reproduire fidèlement la tragédie

[1]) Nach Hart S. 251 ist der genaue Titel: Jeanne Shore ou le Triomphe de la Fidélité, à la Patrie et à la Royanté. Tragédie en cinq actes et en vers français, par L. D. C. V. G. D. N. 1797. 8°.

[2]) Genauer Titel: Jane Shore, tragédie en cinq actes et en vers, veröffentlicht in Chefs-d'Œuvre des Théâtres Etrangers unter Chefs-d'Œuvre du Théâtre Anglais, Tome II. Paris 1822.

anglaise et pour en donner une copie exacte autant qu'une traduction peut l'être." Andrieux hat sich so genau an das Original angelehnt, daß er sogar, wie Rowe, keine Szeneneinteilung trifft. In allen anderen französischen Übersetzungen sind die Akte in Szenen gegliedert. In einem „Extrait de l'histoire d'Angleterre, Écrite en forme de lettres, par Lord Littelton à son fils. Règne d'Edouard V, lettre XXV," der auf S. 13 und 14 abgedruckt ist, wird Eduard der Verführer Johannas genannt; auch wird erwähnt, daß Johanna noch 40 Jahre nach dem Urteilsspruche Glosters lebte und in äußerste Armut geriet. Andrieux erkannte auch, daß Rowe die Ratsszene aus Shakespeares „Richard III." herübernahm.

5. Versübersetzung von Liadières. Nach Hart, S. 252 ist der Titel: „Jane Shore, tragédie en cinq actes. Liadières. 1824." Leider habe ich nirgends Angaben über dieses Werk gefunden; in die gesammelten Werke Liadières' ist es nicht aufgenommen worden; es hat sich auf keiner der deutschen Bibliotheken als vorhanden nachweisen lassen.

Ich komme nun zu der zweiten Gruppe, den freien französischen Bearbeitungen. Im Jahre 1824 machte Lemercier den Versuch, nach Shakespeares „Richard III." und Rowes „Jane Shore" ein neues Drama in Versen zu dichten, welches die Schwächen Rowes beseitigen sollte.[1]) Seine Absicht, Rowes Drama zu verbessern, ist ihm in mancher Hinsicht gelungen. Dies Werk ist unter den französischen Arbeiten das wichtigste.

Lemercier schickt seinem Drama einen ausführlichen Avertissement, Seite I—XI, voraus, welcher von großer Bedeutung ist. Er legt hier die Gründe seiner Änderungen dar. Zunächst hebt er hervor, daß es schwierig sei, ein fremdes Stück so umzuarbeiten, daß es zu dem Geschmack des eigenen Landes passe (S. 1): „quand on emprunte une œuvre étrangère pour la reproduire, l'esprit ne dispose pas librement des matériaux qui lui sont prêtés. . . . On doit en saisissant, bien leurs propres formes, ne les modifier qu'autant que l'exige le goût du pays auquel on les représente. Le sujet de Jeanne Shore m'a prouvé combien

[1]) Der genaue Titel ist: Richard III et Jeanne Shore, drame historique en cinq actes, et en vers, imité de Shakespeare et de Rowe; Par Népomucène L. Lemercier, membre de l'Institut Royal de France (Académie française). Paris. Imprimeric de Firmin Didot. 1824.

ce travail coûte de soins et de précaution.... Il m'a fallu corriger partout la pièce anglaise, et sans cesse inventer en imitant, pour la rendre supportable au goût noble et délicat du public français.“ Nach Andrieux' Meinung hat Rowes Tragödie verschiedene Fehler, welche er durch eingreifende Änderungen zu verbessern sucht:

1. Die Einführung Shores, welcher in seiner Verkleidung von seiner Frau nicht erkannt wird, nimmt dieser Rolle jede tragische Würde[1]) (Akt 1).

2. Es ist für den Fortschritt der Handlung ohne Bedeutung, daß Johanna im zweiten Akt ihre Juwelen der jungen Alicia anvertraut.

3. Die Nachtszene zwischen Hastings und Johanna ist nicht dezent genug gehalten. Auch ist der Streit Hastings' mit Shore zu ritterlich (cavalièrement) behandelt, da die Gesetze des 15. Jahrhunderts nicht duldeten, daß ein Edelmann vom Range eines Hastings sich mit Shore zu einem Duell herabließ: „Leur duel, moyen de théâtre subalterne, n'est qu'une ridicule faute dans les mœurs de l'époque; et l'ignorance aurait pu seule applaudir au faux éclat de modernes usages opposés aux convenances du temps.“ (S. VI—VII. Akt II.)

4. Die bloße Vertauschung der Papiere zwischen den beiden Nebenbuhlerinnen ist kein genügender Grund für die daraus entstehenden so verhängnisvollen Folgen.

5. Das Interesse, welches Hastings infolge seines Eifers gegen die Pläne des Herzogs erregt, lenkt den Zuschauer von Johanna, der Hauptperson des Dramas, allzusehr ab. Das Verhältnis zwischen Hastings und Alicia ist zu sehr in den Vordergrund gerückt. (Akt III.)

6. Der vierte Akt ist zu langweilig, besonders wegen der Klagen der Alicia; er ist am meisten einer Verbesserung bedürftig. (Akt IV.)

7. Die erste Szene des 5. Aktes wirkt kalt auf den Zuschauer. Shore ergeht sich in lange Klagen, während seine Frau verschmachtet.

8. Das Benehmen von Alicias Dienern, welche der unglücklichen Frau die Türe verschließen, ist zu roh für ein Drama.

---

[1]) Lemercier S. VI schreibt wörtlich: „Dès le premier acte, l'introduction du mari, déguisé en vieux domestique, ôte á son rôle toute dignité tragique“. — Dies Urteil ist m. E. zu hart!

9. Die seelischen Vorgänge in der Wiedererkennungsszene zwischen Johanna und ihrem Gatten sind zu oberflächlich dargestellt. Johannas Bitte um Verzeihung kommt zu spät. Die körperlichen Leiden sind zu stark im Verhältnis zu den seelischen. (Akt V.)

Alle diese Fehler sucht Lemercier zu vermeiden. Außerdem fügt er manches Neue hinzu, so vor allem die Gestalt des Bettlers im fünften Akte. Auf diese Weise erhält sein Drama eine ganz andere Gestalt als Rowes „Jane Shore". Seine Verbesserungen sind als durchaus glückliche zu bezeichnen. Auch in der Wahl seiner Vorbilder ist Lemercier glücklich gewesen. Er sagt hierüber (S. 9—10): „Je ne me suis pas borné aux ressources que me prêtait le talent de Rowe: mais j'ai recouru encore au modèle qu'il imita lui-même; et j'ai emprunté les grands traits que m'a fournis le génie de Shakespeare, pour que la sublimité de son terrible Richard III., relevât jusqu'à la hauteur du cothurne, la faible marche de Jeanne Shore que la célèbre Sidons sut rendre si déchirante, et pour que le rôle le plus marquant de Garrick reçût de Talma[1]) son originale physionomie en traits ineffaçables."

Wie genau sich Lemercier mit dieser Tragödie beschäftigt hat, beweist eine genaue Umarbeitung, welche er nach mehreren Aufführungen mit einigen Szenen vornahm. Die beiden letzten Szenen des vierten Aktes hat er hierbei ganz gestrichen.

Im folgenden deute ich, so kurz als möglich, den Inhalt unserer Tragödie an, indem ich besonders die Verbesserungen Lemerciers gegenüber Rowe hervorhebe. Im Personenverzeichnis nennt der Dichter Alicia „héritière d'une noble famille anglaise" und bezeichnet Bellmour als Lord und Freund Johannas. Wie schon erwähnt, tritt ein Bettler als neue Person hinzu.

Akt I. Szene 1[2]). — Monolog Gloucesters. Seine Brüder sind tot; die Regentschaft des Landes ist in seine Hände gefallen. So hat er gewissermaßen über die Yorks und Lancasters gesiegt. Sein Ziel ist die Erlangung der

---

[1]) Talma war der Darsteller der Rolle Glocesters.

[2]) Schon was die Form anbetrifft, zeigt sich ein Fortschritt gegenüber Rowe. Wir finden hier genaue Szeneneinteilungen und ausführliche Bühnenanweisungen. — Im ersten Akt stellt das Theater ein Vestibül in Verbindung mit dem Tower von London dar.

Königswürde. Er will die ihm von einer Wahrsagerin gemachten Prophezeiungen verwirklichen. Die Natur hat ihn vergeblich stiefmütterlich behandelt, indem sie ihm eine häßliche Gestalt gab [1]). — Vorbild zu dieser Szene war die erste kurze Rede Gloucesters in „Jane Shore", vor allem aber der Eingangsmonolog in Shakespeares „Richard III." — Szene 2. Gloster mit seinen Vertrauten Buckingham, Catesby, Stanley, Ratcliffe. Der Absicht Lemenciers gemäß, Johanna noch mehr als bei Rowe in den Vordergrund zu rücken, wird sie sofort bei den Worten Glosters genannt und als „objet d'impurs amours" bezeichnet. Indem unser Dichter sich Shakespeare anschließt, führt er Buckingham als Hauptperson und den nächsten Vertrauten des Herzogs ein. Er ist es hier, welcher den Protektor auffordert, sich der Krone zu bemächtigen. Gloster verspricht Buckingham für seine Treue die Grafschaft Hereford. — Während diese Züge aus Shakespeare entlehnt sind, stimmt der weitere Inhalt mit der ersten Szene bei Rowe überein. — Szene 3. Hastings kommt; der Herzog geht mit ihm in den Tower. Der weitere Verlauf der Szene ungefähr mit Rowe übereinstimmend: Bitte Hastings' für Johanna (er spricht schon hier von einem Urteil gegen sie); der Herzog bewilligt eine Audienz. Es folgt nun als Zusatz Lemerciers ein Gespräch über Staatsangelegenheiten. Gloster teilt dem Lord mit, daß seine drei Gegner Grey, Rivers und Vaughan zu Pomfret enthauptet seien. — Hier also z. T. Übersetzung Rowes, z. T. eigene Veränderungen und Zusätze. — Szene 4. (Ganz neu.) Hastings, Bellmour und Shore. Bellmour soll Johanna die Nachricht bringen, daß ihr Audienzgesuch beim Herzog genehmigt sei; Hastings verspricht ihr seine Hilfe. — Szene 5. Shore und Bellmour. Lemercier strebt größere Wahrscheinlichkeit und strengere Motivierung der Handlung an. Shore hält sich an seinem eigenen Unglück für schuldig, da er selber früher die Schönheit Johannas in vornehmen Kreisen verbreitet und so den König auf sie aufmerksam gemacht habe. Die Unwahrscheinlichkeit bei Rowe, daß Johanna ihren Gatten das ganze Stück hindurch nicht erkennt, sucht Lemercier

[1]) Bei der Inhaltsangabe gebe ich sogleich für jede Szene die Quelle an, welche meistens in Rowes oder Shakespeares Drama bestand. Wo es sich um eigene Erfindungen Lemerciers handelt, gehe ich auf diese genauer ein.

dadurch zu beseitigen, daß er Shore und Johannas Gatten als Brüder hinstellt, die große Ähnlichkeit miteinander haben. Außerdem hat ein zehn Jahre langer Kummer sein Gesicht sehr verändert. — Vergebens hat er auf dem Meere und an entlegenen Küsten Ruhe gesucht. Er verflucht Eduard; dann schildert er die Leiden jener Zeit, wo Johanna ihn verließ. Im besonderen erwähnt er die von Rowe[1]) geschilderte Begegnung mit Johanna in der königlichen Equipage. Bellmour ist der Freund, welcher Shore treu zur Seite steht. — Szene VI. Die Begegnung zwischen Johanna und ihrem Manne ist ähnlich wie bei Rowe geschildert; jedoch mit der Änderung, daß Johanna in Shore den Bruder ihres Gatten zu erkennen glaubt. Shore bringt ihr die Verzeihung ihres Mannes. Johanna bietet Shore nun in ihrem Hause ein Asyl an, obwohl sein Anblick ihr stets die Erinnerung an ihren Fehltritt wachrufen werde. — Hiermit schließt der erste Akt. Die dann bei Rowe folgende Szene zwischen den beiden Freundinnen versetzt Lemercier in den zweiten Akt (Szene 1).

Akt II[2]). Szene 1. Johanna und Alicia. Diese Szene ist kalt dargestellt im Verhältnis zu Rowe. Johanna hält ein Schmuckkästchen in ihrer Hand und setzt die Freundin im Falle ihres Todes als Erbin der Juwelen ein. Sollte sie aber am Leben bleiben und in Not geraten, so werde sie die Schätze von ihr zurückfordern. Sie ist von dunklen Ahnungen erfüllt; ihre letzte Hoffnung setzt sie auf Hastings. Obwohl Alicia bei Erwähnung dieses ihr teuren Namens von leiser Eifersucht erfüllt wird, versichert sie doch, Johanna treu zu bleiben. Sie rät dieser, Richard durch ihre Tränen zu rühren. — Das Vorbild für diese Szene war Akt I, Szene 2 des Roweschen Dramas. — Szene 2. Kurzer Monolog Alicias; wie bei Rowe tritt das Motiv der Eifersucht hervor. Unverändert. — Szene 3. Hastings und Alicia. Mit Rowe ziemlich genau übereinstimmend. Alicia sucht den Geliebten zurückzuhalten. Als er sie zurückstößt, droht sie, den ihr angetanen Schimpf zu rächen. — Szene 4. Wie bei Rowe Monolog Hastings' über die Eifersucht. — Szene 5. Johanna und Hastings.

[1]) Akt V, Szene 1; Hart S. 193 f.

[2]) Wieder genaue Bühnenanweisung: Johannas Zimmer im gotischen Stile; auf der einen Seite ihre eigenen Gemächer, auf der anderen Shores Zimmer. Es ist Nacht; Lampen erhellen das Zimmer.

Das Vorbild war Rowe; jedoch läßt Lemercier Hastings nicht vom Wunsch zur Tat übergehen. Johanna zeigt hier ein viel sichereres Auftreten, als der Lord ihr seine heiße Liebesleidenschaft offenbart. Sie bricht zwar auch vor Schmerz in Tränen aus, aber sie weiß sich schnell zu fassen und antwortet mit vornehmer Ruhe. Als Hastings sie auffordert, ihm Verzeihung zu schwören, erwidert sie: „je vous jure ma haine“. Lemercier vermeidet nun eine weitere Darstellung, indem er schon jetzt Shore eingreifen läßt. Er durfte auf keinen Fall die rohe Vergewaltigungsszene nachahmen, welche Rowe absichtlich des äußeren Effektes wegen auf die Bühne brachte. — Szene 6. Hastings und Shore stehen sich erregt gegenüber. Aber Lemercier läßt es nicht zu einem Duell zwischen ihnen kommen, indem er Hastings ohne Waffe auftreten läßt. — Die 7. Szene ist mit Rowe übereinstimmend. Johanna, welche sich beim Auftreten Shores zurückgezogen hat, kommt wieder, um ihrem Retter zu danken und ihn zur Flucht nach Schottland zu bestimmen. Diese wollen sie auf seine Bitte gemeinsam unternehmen. —

Akt III[1]), Szene 1. Monolog Hastings'. Dieser befindet sich bei Rowe erst im zweiten Teil des Aktes. Dem Inhalte nach sind sie gleich. Hastings erwähnt schon die Festnahme Shores. — Szene 2. Gloster und Hastings. Ihre Unterredung ist dieselbe wie bei Rowe[2]). Nur erinnert Hastings, welcher auf der Seite der Prinzen steht, an die Rache Richemonds, falls der Herzog sich der Krone bemächtigen würde. Hastings malt die Folgen aus, welche ein solcher Gewaltakt nach sich ziehen würde — die furchtbaren Greuel des Bürgerkrieges. Er zeigt hier eine stolze, seiner hohen Stellung angemessene Sprache. Gloster muß ihm Recht geben, und als Hastings für die Prinzen, deren Legitimität der Herzog anzweifelt, eintritt, kann er nicht umhin, seine Freimütigkeit zu bewundern. — Szene 3. Monolog Glosters. Reflektionen über die Vergänglichkeit der irdischen Macht. Durch Furcht allein kann er seine Herrschaft aufrecht erhalten; alle müssen sich seinem Willen fügen. Dieser Monolog

[1]) Ein Ratszimmer im herzoglichen Palast; im Hintergrunde ein Baldachin. Alles ist im Stil des 15. Jahrhunderts gehalten.

[2]) Bei Rowe ging die Szene mit der Vertauschung der Bittschriften voran. In unserem Drama hat Gloster Johanna noch nicht empfangen, aber zu Hastings äußert er sich: „L'entendre est mon devoir.“

ist von Lemercier neu hinzugefügt und zeigt den Herzog mehr in der Shakespeareschen Gestalt. — Szene 4. Gloster, Johanna, Alicia, Catesby. Diese Szene ist neu. Catesby führt die beiden Frauen ins Zimmer. Alicia sagt ihm leise, daß sie den Herzog allein sprechen möchte, und Catesby teilt es diesem mit. Gloster blickt mitleidig auf Johanna, als sie sich zu seinen Füßen niederwirft. Nachdem er sie hat aufstehen lassen, verspricht er ihr, für sie zu sorgen. Auch gewährt er ihr die Bitte um Freilassung Shores. — Szene 5. Alicia und Gloster. Diese Szene ist ganz neu. Alicia klagt Hastings an, daß er sie um Johannas willen verlassen und so ihre Familie und den ganzen Hof beschimpft habe; auch teilt sie ihm mit, daß Hastings an der Spitze einer Verschwörung stehe; er sei nur wieder zu gewinnen, wenn man ihn von Johanna trenne. Obwohl Gloster sich nicht durch die Umtriebe und Eifersucht einer Frau bestimmen lassen will, ist doch der Verdacht gegen Hastings von neuem in ihm erwacht. — Durch diese Szene glaubte Lemercier besser als Rowe durch die Vertauschung der Briefe zum Ziele zu gelangen. Gloster mußte seiner Meinung nach durch die Verdächtigungen Alicias zu schnellem Handeln getrieben werden. — Szene 6. Ganz neu. Gloster sucht aus dem Verhältnisse Johannas zu Hastings Vorteil zu ziehen. Er befiehlt Catesby, sie noch vor der Ratsversammlung zu ihm zu führen. — Szene 7. Monolog Glosters. Obwohl Catesby ein treuer Anhänger seiner Partei ist, will der Herzog ihm nicht alle Geheimnisse mitteilen, da er niemand traut. Dieser Monolog ist neu.

Akt IV[1]), Szene 1. — Gloster, Buckingham, Catesby. Buckingham berichtet über den großen Einfluß Hastings', dessen Persönlichkeit allein das aufrührerische Volk beruhigt habe. Der Herzog fragt seine beiden Vertrauten, ob sie, wenn es nötig wäre, das Todesurteil Hastings' unterschreiben würden, und diese erklären sich bereit dazu. Dann erzählt Buckingham weiter, wie das Volk sich geweigert habe, in den Ruf: es lebe König Richard! einzustimmen. Nun tritt Gloster mit der Lüge hervor, die beiden Prinzen seien einer Verbindung zwischen Eduard und Lady Lucy entsprossen, ja, Eduard selbst sei nicht ein ehelicher Sohn König Heinrichs VI. gewesen. — Für diese Szene war Rowe das Vorbild für Lemercier.

[1]) Derselbe Schauplatz wie im vorigen Akt.

Jedoch ist das Verhältnis des Herzogs zu seinen Räten hier viel deutlicher dargestellt. — Szene 2. Kurzer Monolog Glosters. Er will Johanna für seine Zwecke ausnutzen. — Szene 3. Johanna und Gloster. Der Inhalt ihrer Unterredung ist ähnlich wie bei Rowe im 4. Akt. Der Herzog verspricht Johanna von neuem seinen Schutz. Sie sei noch immer eng mit dem Hofe verbunden; ihren großen Einfluß auf Hastings solle sie benutzen, um ihn für seine Partei zu gewinnen; hierdurch würde sie ganz England einen Dienst erweisen. Der Staat sei im Aufruhr; man brauche einen König, Hastings allein widersetze sich einer öffentlichen Wahl. Als der Herzog Johanna droht, da sie von Hastings' Tat begeistert ist und selber für die Prinzen eintritt, will sie gerne ihr Leben für diese opfern. Nun bricht die Wut Glosters hervor; er läßt sie von der Wache festnehmen und diese auf weitere Befehle warten. — Szene 4. Gloster befiehlt Catesby, die Ratsversammlung eintreten zu lassen. — Szene 5. Bevor der Herzog die Sitzung eröffnet, entfernt er sich auf einige Augenblicke mit dem Bischof von Ely. — Von diesem Vorgang findet sich nichts bei Shakespeare oder Rowe. In Richard III. schickt der Herzog den Bischof fort, um einige Erdbeeren zu holen, und geht dann mit Buckingham hinaus. — Szene 6. Der Rat ohne Gloster. Hastings und Buckingham geraten in Streit, indem Hastings es Buckingham zum Vorwurf macht, daß er seine Besitztümer durch die Grafschaft Hereford bereichert habe. — Diese Szene ist neu. — Szene 7. Gloster tritt wieder ein, die Ratsmitglieder begeben sich auf ihre Plätze. Als Johanna hereingeführt wird, ist Hastings bei ihrem Anblick erregt. Es folgt nun die Anklage Glosters wegen Zauberei der Königin und Johannas. (Geschichte mit dem verwelkten Arm wie bei Rowe und Shakespeare.) Hastings will Johanna retten. Er wird zum Tode verurteilt. — Szene 8. Hastings, Johanna, Stanley. Hier Unterredung zwischen Johanna und Hastings (bei Rowe zwischen Hastings und Alicia). Beide halten sich für schuldig. Hastings ist von Rivers, den er vernichtete, Johanna von ihrem Gatten verflucht worden. — Ursprünglich folgten nun noch zwei Szenen[1]). In der ersten be-

[1]) Diese sind hinter dem Drama S. 105 bis 108 abgedruckt. Lemercier selbst schreibt S. XI. „Le retranchement de deux scènes ... prouveront ma prompte docilité aux jugements du public assemblé."

kennt Alicia Hastings und Johanna ihre Schuld und erlangt ihre Verzeihung. In der zweiten wird Hastings von Catesby fortgeführt. (Diese Szene war aus Rowe entlehnt.)

Akt V[1]), Szene 1. Buckingham, Bellmour und ein Bettler, der auf den Stufen der Freitreppe eingeschlafen ist. Diese Szene ist von Lemercier erfunden. Buckingham will aus England fliehen; König Richard III. hat ihm die Grafschaft Hereford vorenthalten. Diese Undankbarkeit hatte er nicht von Gloster erwartet. Er will sich jetzt mit Richemond verbinden und Rache an Richard nehmen. Bellmour erzählt, daß er Shore seine Hilfe versprochen habe und nun auf dem Wege zu ihm sei. Der Befehl zur Freilassung Shores ist nicht ausgeführt worden. Bellmour weckt den Bettler und erfährt von ihm, daß Shore heute morgen das in der Nähe liegende Gefängnis verlassen habe. Der Bettler hat auch Johanna getroffen; er, der die Qualen des Hungers kennt, empfindet tiefes Mitleid mit ihr. Buckingham schenkt dem Bettler eine Börse. Er bietet dann Bellmour, dessen treuer Freund er ist, auf seinem Schiffe, welches er zur Flucht im Hafen rüstet, Schutz an. — Szene 2. Monolog des Bettlers: wir erfahren, daß auch Alicia in Ungnade gefallen ist. — Szene 3. Der Bettler, Shore, Bellmour. Diese Szene ist dem ersten Teile des fünften Aktes bei Rowe ähnlich, nur tritt hier der Bettler hinzu. Die Schilderung der Leiden Johannas erfahren wir aus seinem Munde. — Szene 4. (Ganz neu). Catesby mit Wachen und Johanna. Catesby empfindet Mitleid mit Johanna und schickt die Wache fort. — Szene 5. Monolog Johannas (wie bei Rowe). Sie sieht sich vor Alicias Hause und ruft diese durch Klopfen heraus. — Szene 6. Alicia und Johanna (wie bei Rowe). Alicia glaubt zuerst, daß Hastings sie rufe; dann erkennt sie Johanna. Diese bittet sie flehentlich um einen Tropfen Wasser und sinkt darauf ohnmächtig zusammen. Alicia ordnet ihr die Haare und schmückt sie mit den ihr anvertrauten Juwelen. Als Johanna wieder zum Bewußtsein kommt, ist ihre erste Bitte um Brot. Statt dessen erblickt sie die nutzlosen Reichtümer an ihrem Körper. Alicia sieht in ihrem Wahne, wie Richard das

---

[1]) Ein Platz in London, auf welchem drei Straßen münden; auf der einen Seite steht ein vornehmes Privathaus mit einer Vorhalle, zu welcher drei große Stufen aus Stein hinaufführen.

blutende Haupt Hastings' in seinen Händen hält und läuft wehklagend davon. — Diese wirkungsvolle Szene ist im wesentlichen das Werk Lemerciers. — Szene 7. Der Bettler, Johanna. Der erstere findet Johanna auf den Steinen hingestreckt; er bietet ihr mitleidig die Hälfte von seinem Brot an. Johanna ergreift die Gabe begierig, aber sie hat nicht mehr die Kraft, das Stück Brot zum Munde zu führen. — Szene 8. Shore eilt herbei und bittet den Bettler, einen Trunk für Johanna herbeizuschaffen. — Szene 9. Catesby kommt mit den Soldaten zurück und läßt den Bettler festnehmen. — Szene 10. Der Herzog erscheint hier noch einmal — im Gegensatz zu Rowe. Shore wirft sich in seiner Verzweiflung ihm entgegen, gesteht sein Vergehen gegen die Staatsgesetze ein und gibt sich als Johannas Gatten zu erkennen. Gloster ist zur Milde gestimmt und verzeiht Johanna. Diese stirbt, indem ihre letzten Worte ihrem Gatten gelten. Shore weissagt nun dem Könige, daß Richemond ihn entthronen werde; das Blut aller Ermordeten werde über ihn kommen. Der König läßt ihn von seinen Wachen ergreifen; den Bettler aber gibt er frei, damit er für ihn bete. Doch dieser antwortet, indem er auf Shore und Johanna deutet: „Je vais prier pour eux." — Diese Szene ist nach dem Vorbilde Rowes angelegt, aber im einzelnen stark verändert, so durch das nochmalige Auftreten des Königs und die Gestalt des Bettlers.

Blicken wir noch einmal zurück, so finden wir bei Lemercier eingreifende Veränderungen im Vergleich zu Rowe. Die Gründe hierfür hat er selber im Avertissement auseinandergesetzt. Was seine Kritik über Rowe betrifft, so stimme ich ihm im allgemeinen bei. Er suchte die Roheiten, deren „Jane Shore" manche hat, zu beseitigen und das Drama dem Geschmack seiner Zeit anzupassen. Da uns Lemercier zeitlich viel näher steht als Rowe, erscheint sein Drama unserem Gefühle annehmbarer als das seines Vorgängers. In dramatischer Hinsicht sind seine Verbesserungen gegenüber Rowe in den meisten Fällen anzuerkennen. Shakespeares Vorbild hat günstig auf ihn eingewirkt. Gloster, welcher bei Rowe mehr in den Hintergrund tritt, ist von ihm mit Meisterhand gezeichnet. Er hat auf die männlichen Rollen mehr Sorgfalt verwendet als auf die weiblichen — im Gegensatz zu Rowe, bei dem die Frauengestalten immer das größte

Interesse beanspruchen. Deshalb nennt Lemercier sein Drama auch „Richard III. et Jeanne Shore.“ Die Einführung des Bettlers war ein glücklicher Gedanke; die Charakterzeichnung desselben ist dem Dichter wohl gelungen.

Fehlerhaft sind meiner Meinung nach die vielen Monologe, die nicht immer zum Fortschritt der Handlung beitragen. Ein Monolog ist nur als letztes Hilfsmittel vom Dichter zu gebrauchen, wenn er nicht auf eine andere Weise den Wechsel der inneren Gefühle oder des Charakters einer Person darstellen kann. Lemercier ist hierin Shakespeare gefolgt; aber bei diesem sind die Monologe stets am richtigen Platze und durchaus notwendig.

6. Richard III et Jeanne Shore, Drame historique en cinq actes et en vers, imité de Shakespeare et de Rowe. Répertoire dramatique. Troisième année, Bruxelles. Leider habe ich über dieses Drama nichts weiteres feststellen können. Vermutlich ist es nur eine Neuauflage des Dramas von Lemercier, da es denselben Titel wie dieses trägt und an demselben Orte (Brüssel) erschienen ist.

Zeitfracht Medien GmbH
Ferdinand-Jühlke-Straße 7
99095 Erfurt, Deutschland
produktsicherheit@kolibri360.de